PUBLICATION

DE LA

Société Historique et Littéraire.

OUTRE-MER

OU

LES INTÉRÈTS COLONIAUX

ENVISAGÉS

DANS LEUR RAPPORT AVEC LA CIVILISATION ET NOS INDUSTRIES.

Par Laffauris.

Qui est le maître de la mer
est le maître de tout.
THÉMISTOCLE.

PARIS

AU SIÉGE DE LA SOCIÉTÉ,
rue de Louvois, 5.

1839.

OUTRE-MER.

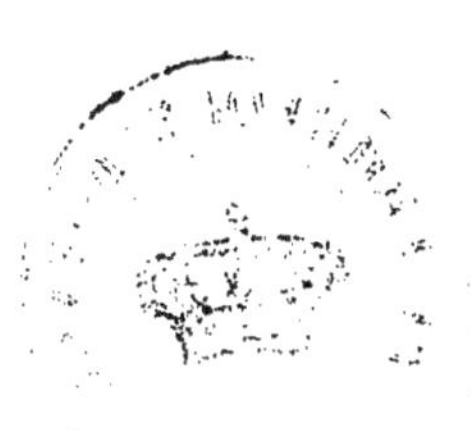

Impr. et Fonderie de FELIX LOCQUIN et C°, rue N.-D. des Victoires, 16.

OUTRE-MER

OU

LES INTÉRÊTS COLONIAUX

ENVISAGÉS DANS LEUR RAPPORT

AVEC LA CIVILISATION ET NOS INDUSTRIES,

PAR

LAFFAURIS.

Qui est le maître de la mer
est le maître de tout.
THÉMISTOCLE.

PARIS

AU SIÈGE DE LA SOCIÉTÉ HISTORIQUE ET LITTÉRAIRE,
3, rue de Louvois.

1839.

AVANT-PROPOS.

Nous n'avons pas écrit ce livre pour faire assister le public aux funérailles de nos îles d'Amérique.

Depuis bientôt un demi-siècle, on dirait que c'est chose convenue dans une certaine région de faire mourir nos colonies à heure dite. Chez les ennemis de toute existence coloniale, l'imagination transforme en fait accompli des vœux hostiles au pays. Pour les colons eux-mêmes, l'avenir des colonies est tellement chargé de nuages, que la fin du monde leur apparaît toujours plus prochaine. Malgré tous ces cris de désespoir : Malheur à la ville, malheur au temple, malheur à moi-même; rien n'apparaît pourtant qui fasse présager que, pour nos colonies, le commencement de l'éternité soit venu.

Cependant, pour que les ennemis comme les partisans de notre existence coloniale se fassent ainsi prophètes de malheur, il faut que la dé-

tresse de nos colonies soit bien grande; les sociétés ne s'enveloppent pas ainsi du linceul de
la mort sans qu'elles sentent en elles-mêmes
des éléments bien profonds de dissolution.

Toutefois, ce n'est pas en criant sans cesse à
la fin du monde, et en ajoutant ainsi à la confusion assez grande qui existe déjà, qu'on peut
rétablir la fortune des choses coloniales.

Au lieu de faire entendre ainsi le cri d'a-
larme, nous avons jugé qu'il serait plus sage
de remonter jusqu'à la source du mal. Indi-
quer l'origine d'un malaise social, c'est en
avoir trouvé le remède. Nous nous sommes mis
en quête d'une méthode de guérison. Nos colonies ne sont pas si malades qu'il faille déses-
pérer de leur avenir, et leur jeter prématuré-
ment le drap de mort.

Deux faits menacent l'existence de nos îles
d'Amérique, l'extension prodigieuse du sucre
de betterave et l'émancipation des esclaves
noirs, émancipation que la philanthropie tient
sans cesse suspendue sur la tête des colons,
comme une autre épée de Damoclès.

De ces deux faits, le débat engagé entre la
betterave et la canne à sucre est, nous en con-

venons, d'une solution assez difficile pour qu'il y ait à nous de la témérité à dire que nous avons indiqué le moyen de séparer les deux parties belligérantes, et de les faire rentrer chacune dans leur camp, satisfaites des conditions de paix.

Uue pareille tâche nous paraît trop difficile et rude; nous nous chargerions plutôt de résoudre la quadrature du cercle que de faire vivre en bonne intelligence des intérêts aussi hostiles, aussi divisés, aussi profondément voués à leur perte commune.

Napoléon disait qu'il était plus facile de conduire des armées que des prêtres; nous croyons qu'il serait moins difficile encore de régenter des prêtres que de trouver à la question des sucres une solution qui renvoyât tout le monde content et se frottant les mains.

C'est dire assez que nous n'avons pas essayé de soulever cette massue d'Hercule; elle nous eût infailliblement écrasé. Pour sortir avec honneur d'un labyrinthe de difficultés aussi inextricables, nous avons mesuré notre audace à nos forces, nous nous sommes borné à être historien impartial; nous avons voulu moins résoudre le problème que donner au public des éléments de solution.

Si nous n'avons pas défendu le sucre de betterave *unguibus et rostro*, nous ne nous sommes pas fait non plus l'ame damnée du sucre des tropiques. Nous avons estimé que le culte de la vérité, du droit, de la justice, de l'équité, valait pour le moins celui de l'exagération et des idées exclusives.

C'est aussi dans une pensée de droit et d'équité, de vérité et de justice, d'ordre et de conciliation, que nous avons écrit sur l'émancipation des esclaves.

Au reste, nous ne nous sommes nullement dissimulé les périls d'un pareil mode de solution. Nous savons combien il est difficile de dire la vérité à tous les préjugés et à toutes les passions. Les opinions, les systèmes, les habitudes sont d'une susceptibilité si extrême, qu'on serait tenté, comme Fontenelle, de ne pas ouvrir sa main, l'eût-on pleine de vérités. L'homme veut une soumission aveugle, alors même qu'il parle la langue de la philanthropie; sa logique est aussi impitoyable que le sabre de Mahomet; il faut croire ou mourir.

En nous refusant à devenir l'écho des petites idées, des petits préjugés, des petites passions de certains hommes, nous ne serons plus pour eux qu'un faux ami. Avec l'ennemi ostensible et commun, on pourra signer des traités d'alliance et de paix; mais avec nous, jamais; c'est une guerre à mort qu'on nous déclare, guerre d'extermination qui nous exclut à tout jamais du droit des gens.

Bien que ce soit pour nous un bien grand sacrifice du cœur de nous séparer ainsi des philanthropes et des colons parmi lesquels nous nous estimons si heureux de compter d'honorables amitiés, cependant aucune considération n'a été assez puissante pour nous empêcher de marcher ferme et droit dans la voie de justice et de vérité que nous nous sommes tracée.

Nous ne voulons pas jeter la pierre à tout le monde, mais il faudrait n'avoir pas vu ce qui se passe dans les conseils coloniaux, dans leurs relations avec le comité des délégués et la métropole, dans les discussions des chambres, dans les luttes de presse, soit aux colonies, soit en France, pour ne pas reconnaître que, relativement au problème de l'émancipation, le tort

est autant du côté des colonies que des philanthropes.

La philanthropie dans son zèle ardent, les
colonies dans leur système de résistance aux
bonnes intentions du gouvernement métropolitain, ne tiennent peut-être pas assez compte
de la transformation nouvelle que la liberté a
subie depuis bientôt un demi-siècle.

Avant l'indépendance des Etats-Unis d'A-
mérique et la révolution française, le monde
avait vécu comme sur parole; les habitudes
faisaient loi; les faits sanctionnés par le temps
et la main de l'autorité avaient presque seuls
formé les droits de l'homme.

L'Helvétie en brisant le joug d'un despotisme
absurde et féroce, la Hollande en purgeant son
sol du fanatisme et des vexations de l'Espagne,
s'affranchirent avant de penser. Chez ces peuples la liberté devança la science des droits.

Les colons perdent sans cesse de vue que la
liberté n'est plus une déviation à l'ordre général
du monde. Ils raisonnent et ils agissent comme si
la liberté ne prenait guère naissance que dans
des cas fortuits, dans une enceinte étroite. La
liberté, à l'heure qu'il est, n'est pourtant plus

un vain bruit qui se perd dans le foyer domestique d'un peuple. L'exception est devenue la
règle générale. La liberté n'est plus un fait
isolé, c'est un droit qui porte avec lui un caractère et un effet de généralité.

Les peuples portent leurs regards en haut,
se séparant de toute idée vulgaire pour se
préoccuper des principes qui font naître et vivre
les associations humaines. Le temps de l'examen
a pris son tour. La nature et le droit ont re-
dressé les institutions. On a examiné, comparé,
jugé. On a voulu être libre, parce qu'on a rai-
sonné la science de la liberté.

La philanthropie était peut-être excusable de
se montrer ardente dans sa croisade contre les
infidèles, alors qu'ils étaient sourds à la liberté, qu'ils négligeaient son culte pour se
prosterner devant le fétiche du droit divin et
du bon plaisir. Le spectacle des grandes injus-
tices irrite les cœurs honnêtes, et les porte souvent au-delà des bornes du vrai et du juste.
La langue passionnée du Contrat social était
peut-être une déplorable nécessité de l'époque;
la philanthropie alors demandait le plus, bien
persuadée qu'on lui donnerait le moins. Par-

lant à des sourds, elle faisait retentir toutes les trompettes de la vallée de Josaphat.

Mais, aujourd'hui, plus n'est besoin d'une pareille ardeur dans l'esprit de réforme. Le culte de la liberté n'est-il pas professé à la face du soleil? La liberté ne brille-t-elle pas au-dessus des peuples comme un phare lumineux pour les diriger à travers leur océan? Aujourd'hui que le règne de la liberté est arrivé, pousser le char des peuples dans l'ornière des révolutions, c'est vouloir faire marcher la liberté rapide comme un mouvement électrique; c'est vouloir transformer la liberté en une traînée de poudre qui mettrait le feu aux quatre coins du monde.

Ce n'est pas en marchant ainsi, une torche à la main, que la philanthropie pourra arriver à un but de progrès et de civilisation. Mettre le feu au logis, ce n'est pas rebâtir sur des bases nouvelles, c'est faire des ruines, et des ruines sur lesquelles on ne bâtit plus.

Comme la question des sucres, le problème de l'émancipation touche à une foule d'intérêts qui en rendent la solution d'une difficulté extrême. Le moindre inconvénient d'une solu-

tion satisfaisante n'est pas dans la sollicitude
avec laquelle tout le monde s'ingénie à apporter sa petite méthode de salut. Les femmes,
comme les hommes, se préoccupent de la
question philanthropique de la servitude des
noirs. On débite sur les colonies des projets
insensés et des romans politiques. On fait de
magnifiques expositions de principes auxquelles il ne manque que des résultats positifs.
L'exemple des colonies anglaises, dont on s'ap-
puie surtout, est pourtant bien loin d'être concluant; nous dirons quels motifs nous avons
de douter du succès d'un bill décrété avec autant d'inhumanité que d'imprévoyance de
l'avenir, et dont les Anglais entretiennent l'Europe avec une discrétion qui suffirait seule
pour en faire apprécier les résultats actuels.
Les colonies anglaises viendront à l'appui de
notre assertion, que les systèmes ont pris la
place des faits; que les idées spéculatives ont
remplacé les doctrines positives et d'application.

C'est exclusivement dans une pensée d'ap-
plicabilité que nous avons écrit. Nous n'avons
pas entrepris de faire un livre d'imagination

et de poésie. Nous avons parlé la langue des faits positifs. Surtout et avant tout, nous avons essayé de payer un tribut d'utilité à la chose publique.

OUTRE-MER.

CHAPITRE PREMIER.

Les Philanthropes et leurs systèmes aventureux.

La philanthropie ne se préoccupe pas assez de cette idée que surtout en matière sociale l'imagination est la folle du logis. Ce n'est pas sur ce qui doit être, ce n'est pas sur le meilleur des mondes possibles, mais sur ce qui est, sur l'état actuel des choses avec ses vices, ses débordements, ses abus, mais sur la société avec ses penchants et ses désordres, ses vertus et sa boîte de Pandore, que doit se porter l'attention du législateur.

En fait de réforme sociale, c'est une chose extrêmement dangereuse d'accorder aux abstractions et aux syllogismes une puissance qui n'appartient qu'aux faits. Il serait peut-être plus facile à un enfant de faire entrer toute l'eau de l'océan dans un soulier de bois, qu'il ne serait

possible aux romanciers politiques de ramener
chez les nations le règne de Saturne.

Nous savons au reste que la science de gouverner, comme toutes les autres sciences, a
compté de tout temps des niveleurs ardents.
L'idée séduisante d'expliquer tous les principes
par un seul, tous les rapports, tous les effets par
une seule cause, a tourné la tête à bien des
hommes de génie. Thalès, Pythagore, Platon,
Épicure, Descartes, Mallebranche, Newton ,
tous ces rois de l'imagination et de la science,
ont dirigé leurs conquêtes vers une loi universelle qui donnât la raison de tous les êtres en
montrant la filiation de toute chose. Malgré
tous nos frais de science et de systèmes, le point
de gravitation nous échappe ; les choses de ce
monde restent toujours pour nous une énigme
dont nous ne savons pas le mot ; c'est toujours
une énigme où nous connaissons à peine quelques points dont la relation même nous est inconnue.

La philanthropie a aussi son niveau sous lequel elle voudrait faire passer toutes choses ; le
laissez faire, le *laissez aller* est surtout un principe élémentaire, son centre de gravitation. Plus

de servitudes, de prohibitions, de monopoles, d'esprit réglémentaire! On se livre à de grands mouvements d'éloquence ; on fait une explosion de zèle et de philanthropie; on fait comparaître devant un beau idéal de civilisation, tout resplendissant de lumières et de vertus, les vices, les déréglements de Gomorrhe; on opère sur les nations comme si elles étaient vierges de toutes les violences, de toutes les absurdités, de toutes les folies criminelles dont elles subissent le joug. Il n'importe que ces vices et ces abus se trouvent essentiellement liés à l'existence civile et politique des peuples; on met tout à la réforme, sans craindre d'appeler le déluge sur les nations qu'on se montre si empressé de faire jouir de l'âge d'or.

Et dans cette croisade contre les abus qui existent, remarquez bien qu'on s'enrôle avec une foi sincère dans le triomphe de sa cause, avec la conscience qu'on fait le bien et qu'on mérite les applaudissements des hommes.

Soyons justes toutefois envers les philanthropes ; n'exagérons pas leurs torts: l'exagération du langage n'appartient qu'à une mauvaise cause. Hâtons-nous de rendre hommage à leurs intentions pures et patriotiques.

D'ailleurs l'esclavage réveille en nous de si pénibles souvenirs, le traitement des esclaves nous apparaît sous des couleurs si noires et si tristes, que c'est pour nous un besoin du cœur de payer un tribut de gratitude aux philanthropes qui font même de vains efforts pour amener la rosée dans ce désert aride et brûlant.

Nous nous complaisons à croire que, dans leurs plans de réforme, les novateurs, même les plus ardents, ne sont inspirés par nulle idée de destruction. Qui oserait accuser leur philanthropie honnête et consciencieuse de vouloir porter le fer et le feu dans les habitations coloniales? A travers la route remplie de nuit et d'abîmes où les jette l'excès du zèle, leur réputation de bon citoyen n'est nullement compromise; leur patriotisme ne saurait se faire à l'idée de détruire la France coloniale et le commerce maritime du pays. Dans leur entraînement si généreux, ils veulent agrandir le domaine de la civilisation ; ils veulent que le progrès, que la liberté soit une terre hospitalière pour tous, sans distinction de race ou d'épiderme. C'est pour nous tout à la fois un devoir et un besoin d'entourer de respect un culte qui se voue ainsi

aux larmes et aux souffrances de l'humanité.
Des plans de réforme qui se produisent avec
un cortége de sentiments aussi honorables,
commandent la reconnaissance des hommes.

Mais tout en payant ce tribut de considération à la philanthropie, il nous sera bien permis, dans l'intérêt même de l'humanité, du
progrès, de la liberté, de protester contre tout
entraînement irréfléchi. Dans son impatience
de faire trôner la liberté, la philanthropie ne
tient aucun compte des obstacles qui se rencontrent sur sa voie. Elle fait dans son intelligence comme une table rase, et, sans se
préoccuper de la nature du nègre, de son
éloignement pour le travail, de ses passions
désordonnées, de ses mouvements impétueux,
elle convoque tous ses apôtres ardents à réclamer à la tribune, dans la presse, l'émancipation immédiate des esclaves noirs.

Dans cette question si brûlante de l'émancipation, la philanthropie nous offre le même
entraînement qui conduisit l'Assemblée constituante à de si déplorables résultats. Certes on
ne saurait reprocher à cette illustre assemblée
d'avoir manqué de lumières et de vues géné-

reuses. Dans son sein brillait tout ce que le pays possédait de grand par les qualités du cœur et de l'esprit. Le talent, la vertu, le patriotisme, l'industrie, le commerce, la propriété, avaient envoyé leurs ambassadeurs extraordinaires dans cet illustre congrès de la nation; mais l'excès du zèle, l'impatience de disséminer la liberté, un premier mouvement du cœur dont on ne sut pas assez se méfier, fit expérimenter sur nos colonies, d'après la même méthode de guérison qu'on suivait pour la métropole. La Convention se chargea de développer les germes dont l'Assemblée constituante avait planté la semence; et bientôt la déclaration des droits de l'homme fut accueillie dans nos provinces d'outre-mer comme le droit de courir sus aux idées d'ordre, de propriété, de sécurité publique. Les septembriseurs de Saint-Domingue laissèrent bien loin derrière eux les septembriseurs de Paris.

Ceux-ci du moins dépêchaient promptement leurs victimes ; les noirs savourèrent lentement le plaisir de torturer leurs anciens maîtres. Les colons jetés au feu ou sciés entre deux planches, leurs femmes poignardées, les filles livrées sous les yeux de leurs mères à la brutalité des noirs, les manufactures et les établissements des villes et bourgs réduits aux quatre cinquièmes, deux milliards de capitaux anéantis, cent millions de revenus perdus pour la métropole, tous ces enseignements du passé sont impuissants à maintenir la philanthropie dans un plan de réserve et de circonspection. Elle a tout oublié ; elle n'a rien appris, si ce n'est peut-être à apporter plus d'ardeur dans ses rêves de réforme, dans sa croisade sentimentale contre l'organisation sociale des colonies.

Non, quoi qu'en dise la philanthropie, quelque autorité que donnent aux philanthropes leur haute position, leurs grandes lumières, leurs sublimes vertus, nous ne saurions nous résoudre jamais à faire marcher la liberté comme le génie de la destruction. Alors même que, pour améliorer, le législateur est condamné à détruire, sa mission lui fait un devoir de ne porter atteinte à ce qui est que dans une pensée de création. Gardons-nous de séparer l'idée de liberté des idées de sécurité et d'ordre. La liberté n'est pas le génie des hécatombes, c'est la déesse des illustres vertus et des grandes choses.

Nous trouvons de beaucoup préférable le
sort du plus vil manœuvre, couvert de haillons, nourri de pain noir, dormant sur la
paille, dans un réduit obscur et méphytique,
à la condition de l'esclave noir, mieux nourri,
mieux vêtu, mieux couvert. Nous considérons
que ce manœuvre peut devenir propriétaire,
de propriétaire électeur et éligible; avec des
idées d'ordre, d'économie, de prévoyance, et
pour peu que la fortune fasse pleuvoir sur lui
sa corne d'abondance, le manœuvre peut
prendre rang dans le temple législatif. Nous
voudrions qu'il en fût de même de l'esclave
noir. Jusqu'ici tout est bien, mais pour transformer l'esclave noir en manœuvre à l'avenir
duquel s'ouvre une carrière de bien-être,
la philanthropie pose des bases de réforme
dont le moindre défaut n'est pas de comparer
des natures d'homme, des manières d'existence
essentiellement distinctes. Comme toujours, on
néglige les faits; on imite le géographe qui,
sur la carte qu'il a tracée, parcourt du regard
tous les espaces du monde connu; et l'on perd
sans cesse de vue que le législateur ne doit pas
être ce géographe qui marche dans le silence

du cabinet, mais ce voyageur qui, foulant le
sol, rencontre sous ses pas les vallées, les col-
lines, les torrents, l'océan et les abîmes. On se
dépêche dans les lois, dans les institutions. On
improvise des plans de réforme qui attribuent
à l'organisation sociale de nos colonies nos
idées, nos mœurs, nos lois, nos institutions.
On confond les natures les plus hétérogènes et
l'on oublie que dans tous ces rapprochements,
dans toutes ces comparaisons entre les blancs et
les noirs, deux et deux font rarement quatre.

Pour échapper à cette confusion des idées et
des choses, nous n'imiterons pas toutefois certains publicistes anglais qui ont vu dans le cerveau du nègre une grande analogie avec le
cerveau de l'orang-outang. Nous tenons trop à
écrire sous l'empire du bon sens et de la raison
pour contester aux noirs leur droit de bourgeoisie dans la société humaine, et arriver ainsi
à cette étrange conséquence, qu'il ne faut pas
plus émanciper le noir qu'il ne conviendrait
d'émanciper l'orang-outang.

En abordant cette question de l'émancipation, nous sommes descendus dans notre conscience, et notre conscience nous a dit qu'il y

aurait crime à ne voir dans le nègre qu'une machine à fabriquer le sucre. Le nègre n'est pas une bête de somme qu'on doit mener à l'abreuvoir, et laisser mourir ensuite dans un coin de l'étable du maître. Nous avons un sentiment trop élevé de la dignité humaine pour aller chercher les traces de l'homme dans l'organisation du cerveau ou la couleur de l'épiderme. L'anatomie cérébrale essaierait en vain d'usurper le droit de donner ou d'ôter à l'homme son droit de cité dans la famille humaine. La solution du problème n'est pas dans le scalpel d'un anatomiste; elle est en nous, dans notre conscience. Notre bon génie est plus concluant que l'analyse du cerveau pour nous révéler la nature du nègre, pour rétablir au noir sa qualité d'homme qu'un injuste préjugé lui avait ravie.

Soyons équitables envers tous, et tout en défendant la nature des noirs contre des exagérations systématiques, gardons-nous de tomber dans un excès contraire, en ne tenant aucun compte, dans nos plans d'émancipation, de la différence qui existe entre les noirs et les blancs.

Toutes nos lois, tous nos plans de réforme,

ne sauraient changer l'organisation des noirs, organisation flexible qui, tout en se prêtant aux plus petites combinaisons, ne peut cependant se faire aux impressions profondes, au travail continu de la raison et du génie. Les exceptions qu'on pourrait signaler confirment elles-mêmes notre assertion ; dans la famille des noirs, les Lislet-Geoffroy sont aussi rares que l'eau de Jouvence et la pierre philosophale dans l'analyse chimique.

La nature semble avoir condamné le noir à une plus longue enfance ; le noir est inférieur en intelligence, en génie ; ses mœurs sont douces, il est vrai, mais le désordre de ses passions, l'impétuosité de ses mouvements, va quelquefois jusqu'à l'atrocité.

Le nègre lui-même a la conscience de son infériorité morale. Voici comment il caractérise les trois classes de population dans l'Amérique. *Blanc, c'est pitit à bon Dieu ; mulâtre, c'est pitit à blanc ; et nègre, c'est pitit à diable.* Tout est vrai dans cette hiérarchie des blancs et des noirs ; il faut pourtant en retrancher ce qui est dit des hommes de couleur.

Si les nègres ont la conscience de leur infériorité morale, les hommes de couleur sont d'une susceptibilité extrême pour tout ce qui touche à leurs droits et à leur dignité. Gardez-vous de proférer près d'eux l'épithète de *mulâtre;* cette seule parole ferait naître en eux tout un désespoir; l'indignation embraserait leur ame, et le feu de leur regard trahirait une vengeance impatiente de laver dans le sang l'outrage dévoré.

Vous chercheriez vainement dans le noir cette intelligence vive et complète du principe de l'honneur et de la justice, qui fait le caractère distinctif du blanc et de l'homme de couleur. Le nègre semble plutôt destiné à la subordination qu'au commandement. Le spectacle de nos arts, de nos mœurs, de notre civilisation, provoque dans sa nature sauvage l'indifférence et l'éloignement. Malgré les fatigues, les périls, les ennuis que lui fait cette vie d'homme des bois, il s'y complaît, il y trouve un charme prédominant. Notre ordre social est pour lui un joug qui outrage son indépendance et sa vie aventureuse.

La même organisation qui, par le relâchement des fibres et la paresse de l'esprit, semble

le prédestiner à la servitude, le rend capable
d'un effort extraordinaire, d'une vigueur d'un
instant. Sa poltronnerie naturelle n'exclut pas
une fermeté inébranlable. Le nègre, quoique
lâche toute sa vie, deviendra héros dans un
instant. On a vu un noir se couper le poignet
plutôt que de payer sa liberté en servant de
bourreau. Raynal cite un esclave qui, ayant
appris que son ancien maître était arrêté pour
un assassinat, vint s'accuser lui-même en justice, se mit dans les fers à la place du coupable,
fournit des preuves fausses, mais juridiques, de
son prétendu crime, et subit le dernier sup-
plice.

C'est en étudiant cette nature du nègre, heureuse par ricochet, ingrate par habitude, c'est
en tenant compte de tous les faits qui modifient
si profondément la race africaine, qu'on pourra
seulement trouver au problème de l'émancipation une solution dont l'humanité, le progrès, la liberté, la civilisation, puissent être
satisfaits.

Certainement la philanthropie est vivement
émue des maux que le despotisme oriental entraîne à sa suite; supposons un instant qu'elle

envoyât ses prédicateurs ardents au sein de la
Chine, de l'Indoustan, de la Perse, de la Turquie, et que là tous ses réformateurs passionnés
vinssent dire aux peuples de l'Asie : « Vos lois
» et vos mœurs écartent toute idée de vertu
» publique et privée; votre organisation sociale
» présente le triste spectacle d'un repaire de
» brigands tour à tour oppresseurs et oppri-
» més. Dans vos maisons, vous exercez l'auto-
» rité despotique que le fer de la tyrannie
» appesantit sur vos têtes; vous séquestrez vos
» femmes; vos passions sont la seule mesure
» de la participation que vous leur donnez à la
» vie civile. Princes et prêtres, déposez votre
» puissance; que les femmes, les enfants, les
» esclaves s'affranchissent de votre tyrannie.
» Peuples de l'Asie, écoutez enfin la voix de la
» raison, de la vérité et de la justice. Que votre
» édifice lézardé s'écroule, et que sur ses débris
» vos mains intelligentes et libres posent les
» bases d'un édifice au frontispice duquel ne
» puissent plus se lire que des idées de progrès,
» de liberté, de civilisation. »

Si, pour donner encore plus d'entraînement
et de séduction à leurs mouvements oratoires,

nos prédicateurs intéressaient au triomphe de
leur réforme la plus grande partie de leurs
auditeurs, n'est-il pas vrai que ces hommes de
bien traduiraient en Asie la sentence de Collot
d'Herbois contre les Lyonnais : « Que cette ville
soit détruite; que le sang de ses habitants gros-
sisse les eaux du Rhône »?

Mais si, au lieu de parler à la multitude, nos
prédicateurs communiquaient à quelque sage
de l'Asie leur projet de croisade philanthropique,
celui-ci leur dirait certainement : « J'avoue
» qu'il y a de grands abus dans nos mœurs,
» dans nos lois, dans nos institutions, mais ces
» abus mêmes sont la base sur laquelle repo-
» sent les sociétés asiatiques, leurs relations,
» leurs devoirs, leurs intérêts. Sans doute, si
» vous parcourez les villes et les campagnes,
» vous trouverez que trop souvent le fort op-
» prime le faible; mais vous verrez aussi de
» beaux modèles de justice et de bienfaisance.
» Bien que nos mœurs et nos habitudes révol-
» tent votre raison, nous ne sommes cependant
» pas si étrangers aux principes de la morale
» qu'il ne se rencontre parmi nous des hommes
» vertueux et bons, dont les femmes, les en-

» fants, les esclaves, bénissent en paix la bien—
» faisance.

» Sans doute nous appelons de tous nos
» vœux le concours de vos lumières et de vos
» vertus pour nous conduire dans la voie du
» progrès et de la liberté. Mais il me semble
» que votre système de réforme, loin de faire
» luire sur nos têtes le soleil de la civilisation,
» nous jetterait encore dans des ténèbres plus
» profondes. L'ébranlement que produirait une
» réforme violente, ne dût-il être funeste
» qu'aux méchants, ce serait encore un devoir
» pour vous de tenter des voies plus douces
» pour les ramener au bien; mais quelle ré-
» serve et quelle modération ne devez-vous pas
» apporter, alors que ces mesures législatives
» peuvent faire périr dans cette tempête une
» multitude d'hommes innocents et vertueux?
» C'est une mauvaise méthode d'édification
» que de tant détruire; on ne bâtit pas avec le
» génie de la destruction. »

Nous en dirons tout autant aux apôtres ardents de l'émancipation. L'espèce de violence
qu'on veut faire au gouvernement, aux colons,
à l'opinion publique, ne saurait conduire l'es-

clave à la liberté. L'amélioration, le progrès,
la liberté, ne sauraient être là où se trouvent
compromis l'ordre et la sécurité publiques. La
civilisation ne descend pas sur les peuples,
portée par les éclairs et le tonnerre. Elle marche comme les dieux d'Homère ; un pas est fait
et un siècle s'est écoulé.

CHAPITRE II.

Les colons et leur système de résistance.

Si la philanthropie veut entraîner le char des
révolutions dans une pente trop rapide, les
colons ne sentent pas assez la nécessité de faire
des concessions opportunes et intelligentes.

Sous ce rapport, les colons ressemblent assez
à un monarque absolu qui, voyant son autorité
envahie par des idées de réforme et de liberté,
défend pied à pied ses prérogatives royales.
S'il faisait de bonne grace des concessions intelligentes à l'esprit public, un nouveau lien
de reconnaissance attacherait ses sujets à son
trône ; mais parce qu'il refuse toute charte d'affranchissement, les peuples menacent d'user de
violence et de jeter son trône à l'ouragan des
révolutions.

Les colonies ne sauraient plus longtemps se
faire illusion sur la disposition des esprits dans
la métropole ; à l'heure qu'il est, l'affranchissement des esclaves noirs est un événement au-

quel toute la sagesse collective des colons ne saurait les soustraire. Le gouvernement métropolitain est poussé à la liberté des noirs par son principe, par l'opinion publique, par l'exemple de l'Angleterre. Contre des influences aussi puissantes, il n'est guère possible de dresser un cordon sanitaire.

Un législateur des temps anciens, appelé par sa réputation de sagesse à donner des lois à un peuple, décréta la peine de mort contre tout réformateur dont le projet de réforme ne serait pas transformé en loi.

Nous serions tenté de croire qu'aujourd'hui l'esprit public serait bien plus disposé à lancer un pareil arrêt de proscription contre le *statu quo* que contre l'esprit de réforme. Grande cependant serait notre erreur. Les populations de la Virginie, de la Caroline et des autres états du sud de l'Union, nous montrent souvent le triste spectacle d'un peuple se livrant à tous les excès pour proscrire par la terreur jusqu'à l'idée de l'affranchissement des noirs.

On se rappelle ces paroles atroces d'un homme haut placé dans l'estime de son pays : « Déclarons par l'organe des journaux que la ques-

» tion de l'esclavage n'est pas et ne sera pas
» mise en discussion ; que, du moment où un
» individu essaiera de nous endoctriner sur
» ses maux et son immoralité, *on lui coupe la*
» *langue sur le champ.* »

On pourrait peut-être attribuer la manifesta-
tion d'une pareille terreur contre les abolitionistes à un sentiment d'exaltation fébrile provoqué par ces paroles prophétiques de Jeffer-
son : « Les deux races également libres ne pour-
» ront vivre sous le même gouvernement. » Il
se peut que ce soit sous l'influence de la terreur
de l'avenir qu'un homme grave ait proféré ces
paroles d'anthropophage; mais ce qu'il y a de
certain, c'est que ces paroles violentes ont trouvé
de l'écho dans l'Amérique du Sud. Elles n'é-
taient que la traduction d'impressions généralement senties; et si notre assertion avait besoin
de preuves, nous montrerions les magistrats,
la force publique, la presse elle-même assistant,
l'arme au bras, aux émeutes de New-York,
de Boston, de Baltimore, de Cincinnati, à l'incendie du couvent de Charlestown, aux atten-
tats commis sur les élèves du collége Marion, à
la destruction des malles à Charlestown, aux

pendaisons à Vicksbourg d'hommes par dou-
zaines et sans forme de procès, à ces bûchers
de Mobile et de Saint-Louis, où les abolitionistes étaient brûlés à petit feu, et en plein
jour.

Ces excès et ces débordements atroces de la
populace ne doivent plus étonner quand on
saura qu'un gouverneur de la Caroline du Sud
écrivait, il n'y a pas longtemps encore, dans
un message qui a eu du retentissement en Europe : « A l'article de la mort, ma dernière
» prière sera pour que les enfants de mes en-
» fants ne vivent jamais qu'au milieu des ins-
» titutions de l'esclavage. »

Nos colonies ne manifestent pas des vœux
aussi ostensibles pour le maintien de la servitude. Faibles et dépendantes, elles sont trop
sous la tutelle de la mère-patrie pour vouloir
autrement que de sa volonté. Aussi leur langage, relativement à la servitude des noirs, a
subi toutes les variations du progrès de l'opinion publique en France.

Quand on leur parla pour la première fois
d'affranchissement, on vit tout à coup surgir
des colonies une nuée de doléances respec-

tueuses, sur la ruine prochaine de nos habitations coloniales. On allait jusqu'à mesurer
l'angle facial des nègres, et l'on trouvait qu'il
était moins ouvert que celui des blancs. Après
une pareille épreuve de l'angle facial, on n'o-
sait pas tout à fait écrire que le nègre n'était
pas homme, mais on insinuait que c'était se
montrer assez généreux d'accorder à des esclaves noirs la moitié de l'ame humaine ; qu'Homère et Platon n'avaient pas fait davantage pour
les esclaves blancs de l'antiquité. Au reste, la
mesure de l'angle facial conduisait nos colonies
à des résultats plus merveilleux les uns que les
autres. Le malencontreux angle facial des noirs
fermait aux esclaves de nos habitations coloniales tout accès aux idées d'ordre, de travail,
de propriété, de famille ; le nègre vivrait au
jour le jour ; le présent seul devait nécessairement l'absorber ; l'avenir pour lui ne devait et
ne pouvait être le souci du lendemain. Jamais
la propriété, cette sœur de l'économie et de la
prévoyance, ne pouvait exister pour le noir ; et,
après avoir fait un larcin, il dirait comme toujours : *moi pris, moi gagné*. Emanciper le noir !
Mais la métropole n'y pensait pas ; l'angle facial

du nègre allait transformer l'activité des habitations en un sol sans culture, l'ordre et la paix des colonies en un repaire de vagabonds et de brigands. C'était donc un parti pris d'avance de renouveler les désastres de St-Domingue !

Aujourd'hui nos colonies n'ont pas complétement abandonné leur vieille argumentation. Seulement, elles parlent beaucoup moins de l'angle facial et beaucoup plus de la nécessité de préparer le noir à la liberté. Au besoin, elles se montreraient aussi empressées que les philanthropes d'émanciper les noirs, si la métropole préparait tout pour le mieux, et si elle était assez prévoyante de l'avenir pour choisir le moment opportun.

L'opportunité ! Nous savons certainement tout le prix qu'il importe d'attacher au temps opportun en matière de réforme sociale. Ce que nous avons déjà écrit sur les systèmes aventureux des philanthropes nous dispense de répéter ici que l'avenir d'une réforme, l'ordre et la sécurité dans le présent, l'amélioration et le progrès dans l'avenir, dépendent surtout d'une question de temps et d'opportunité.

Si l'esprit de réserve et de circonspection

était dans les doléances des colonies un langage franc et loyal; si le vœu des colonies pour l'opportunité de l'émancipation n'était pas un voile spécieux pour couvrir une arrière-pensée, nous serions les premiers à nous associer à ce vœu d'opportunité; mais il suffit de lire les déclarations des conseils coloniaux, du comité des délégués, il suffit d'écouter le langage des colons et de la presse coloniale pour reconnaître que l'opportunité qu'invoquent les colonies n'est encore, dans la circonstance actuelle, que la providence des hommes qui ne peuvent pas parce qu'ils ne veulent pas.

Si toutes ces homélies, qui tendent à prouver qu'il faut ajourner et attendre le moment opportun, étaient bien sincères, on ne conclurait pas sans cesse, comme font les colonies, après leur considération sur l'inopportunité de l'affranchissement : « Nous sommes prêtes à suivre » l'exemple de l'Angleterre, et à seconder » toutes vos mesures d'émancipation, si la mé- » tropole veut préalablement nous assurer le » prix de nos esclaves. »

Ainsi l'indemnité préalable aurait la puissance de convertir tout le monde à l'idée que l'affranchissement est opportun. Un sacrifice d'argent transformerait en mesures opportunes des réformes que vous déclariez, il n'y a qu'un instant, être surtout dangereuses parce qu'elles étaient encore inopportunes. Non, la loyauté manque à une telle argumentation. L'argent ne saurait faire l'opportunité d'une réforme sociale ; et vous ne jetez dans la discussion le mot d'opportunité que pour renvoyer aux calendes grecques l'heure de l'affranchissement. Vous êtes comme ce mauvais débiteur qui dissimule sa fortune et étale aux regards de ses créanciers un bilan fictif pour leur démontrer que pour lui les temps sont durs, et que l'opportunité n'est pas encore venue pour le mettre en mesure d'acquitter sa dette.

Au lieu d'entrer dans la voie que suit l'Angleterre depuis bientôt trente ans, nos colonies nous répètent sans cesse qu'il faut, comme l'Angleterre, annoncer la résolution de l'affranchissement, longtemps avant de l'exécuter ; qu'il faut, comme l'Angleterre, préparer de longue main les esclaves à la liberté.

Nous démontrerons bientôt que l'Angleterre a été d'une imprévoyance extrême dans ses

mesures d'affranchissement, et qu'au lieu de
préparer ses noirs à la liberté, elle a abandonné
le bill d'émancipation à ses propres destinées.
Cette vérité une fois acquise, il ne sera plus
question sans doute de nous demander la copie
d'un original qui n'existe pas.

Et quant aux avertissements dont la Grande-
Bretagne a fait précéder son bill d'affranchissement, il devient presque inutile d'établir que
nous avons pu tout aussi bien que les îles anglaises profiter de ces avertissements ; que la
publicité, en France comme dans nos colonies,
nous a révélé tous les discours, toutes les résolutions du parlement anglais. Rien ne s'est fait
dans l'ombre et avec mystère ; et il n'a certainement pas dépendu de la Grande-Bretagne
que tous les discours de ses philanthropes, que
toutes les résolutions en faveur de l'affranchissement, n'aient eu le plus de retentissement
possible en Amérique comme en Europe.

A voir nos colonies montrer, tout à la fois, si
peu d'empressement à imiter l'Angleterre dans
son bill d'émancipation, et affecter néanmoins
de nous donner la Grande-Bretagne pour modèle, on serait tenté de croire à une contradic-

tion sans logique, si les colonies ne cherchaient pas surtout dans l'exemple de l'Angleterre les moyens d'établir l'inopportunité de l'affranchissement. A entendre les colonies, il n'y aurait, quant à présent, rien de mieux à faire, que de se tenir les bras croisés, et d'attendre en silence les résultats de l'expérience anglaise. Mot vague et qui serait sans portée aucune s'il ne vous révélait l'intention déguisée de donner à l'émancipation un ajournement indéfini. On nous montre en perspective, comme enseignement à suivre, les résultats futurs de l'expérience anglaise, alors qu'il eût été plus logique d'examiner si cette expérience se faisait avec les conditions voulues de réserve et de haute sagesse, et si, ces conditions remplies, l'expérience anglaise devait se transformer en leçon pour nous à une époque prochaine ou à la fin des temps.

Ce n'est pas que nous voulions blâmer nos colonies de ne pas se précipiter avec entraînement dans la voie suivie par l'Angleterre. Il y a peu de bonnes choses à glaner dans le bill d'émancipation. L'émancipation immédiate serait d'ailleurs pour nos colonies une mesure trop prématurée. Aussi n'est-ce pas sur ce point que porte notre blâme ; mais ce que nous reprochons aux colonies, c'est de se renfermer dans un système d'attente inintelligente et passive ; c'est d'imiter l'Indien impassible et froid à l'approche de l'idole du Gange qui va l'écraser.

Le canon de la liberté a retenti dans les colonies anglaises, et nos colonies ne l'ont point entendu. Plus de cinq cent mille noirs ont été rendus à la liberté dans les îles de l'Angleterre, et nos colonies semblent ne rien savoir de cette transformation nouvelle, bien que leurs esclaves s'enfuient pour aller respirer dans les colonies anglaises l'air de la liberté.

C'est vainement que la Grande-Bretagne vient de jeter un si hardi défi à l'esclavage. Nos possessions d'outre-mer ne songent pas plus à préparer l'affranchissement que si leur situation les rendait inaccessibles à une telle provocation. Nos colons semblent oublier que la Martinique et la Guadeloupe touchent Antigoa, la Dominique et la Jamaïque ; que la Guiane est aux portes de Demerari et de Surinam ; et que l'île Bourbon est vis à vis et à

quelques lieues de l'Ile-de-France. On oublie
cette situation respective de nos colonies et des
colonies anglaises. On dirait que pour les colons l'exemple de l'innovation n'est pas chose
contagieuse, que les réformes n'appellent pas
les réformes, et que les idées ont perdu leur
puissance de prendre leur niveau comme l'O-
céan.

Nos colons ne se pénètrent pas assez de cette
idée que le danger est plus pour eux dans l'o-
pinion de la violence qui leur serait faite que
dans l'affranchissement en lui-même. Il importe
surtout à leur sécurité qu'ils ne se placent pas
dans la position d'un monarque dépouillé de
ses prérogatives par la violence et la révolte. Si
les noirs étaient dans l'opinion de la violence
faite à leurs maîtres ; si jamais l'affranchissement arrivait aux noirs sans le concours des
colons et malgré eux, l'avenir de l'émancipation ne serait plus qu'un ballon gonflé de tempêtes. Alors que le mérite du bienfait ne serait
pas acquis aux maîtres, ils se trouveraient vis
à vis de leurs esclaves rendus à la liberté dans
un état de suspicion avant-coureur des excès
qui firent de Saint-Domingue un théâtre san-

glant où les acteurs incendiaires jouèrent tous les rôles , excepté celui de la pitié.

Il importe autant à l'avenir de l'émancipation qu'à la sécurité des colons eux — mêmes que l'affranchissement soit une manière de patronage qui lie à tout jamais le noir à son ancien maître par le souvenir de la reconnaissance. C'est une nécessité politique pour les colons de prêter leur concours empressé à toutes les mesures d'affranchissement , de prendre même l'initiative dans ces mesures , plutôt que de se mettre à la remorque des améliorations préparées par la métropole. Les assemblées coloniales de l'Angleterre, qui pouvaient, pour les apprentis ruraux au moins , attachés ou non attachés au sol, prolonger jusqu'au 1er août 1840 la durée de l'apprentissage, n'ont pas attendu jusqu'à ce terme pour couronner l'œuvre de Wilberforce et rendre les noirs à la liberté. La métropole une fois engagée dans la voie de l'émancipation , ces assemblées ont compris de quelle importance était pour elles l'initiative d'une manumission. La métropole discutait encore, que ces assemblées ont mis la main à l'œuvre. En écartant ainsi tout soupçon de vio-

lence, on a bien mérité des noirs ; les maîtres
les ont attachés par les liens de la reconnaissance. Car, quel que soit l'avenir réservé à l'é-
mancipation anglaise, le travail libre pourra
bien ne pas faire prospérer l'agriculture coloniale, mais toujours est-il que les colons anglais
conserveront toujours aux yeux des noirs libres
l'intention d'avoir voulu les premiers le bien-
être de leurs esclaves.

CHAPITRE III.

Imprévoyance du gouvernement anglais.—Le s noirs anglais
ne sont guère plus civilisés que les noirs de nos îles.

Nous ne voulons rien préjuger sur l'avenir du bill d'émancipation ; le temps nous dira si le travail libre doit faire descendre l'âge d'or dans la condition de l'esclave, ou si le travailleur libre ne doit rencontrer avec la liberté que le droit de disputer aux pourceaux la nourriture de leurs auges.

Nous ne voulons nous occuper de l'émancipation anglaise que sous le rapport des moyens mis en usage pour exécuter cette grande expérience. Les abolitionistes comme les anti-abolitionistes nous présentent sans cesse l'exemple de cette expérience sociale, dans des intentions bien différentes sans doute, mais qui ne tendent pas moins à attribuer à cette mesure hardie une importance qu'elle ne saurait avoir que sous le rapport de la contagion de l'exemple.

Ceux qui se sont crus les plus profondément

éclairés des moyens d'exécution mis en pratique par la Grande-Bretagne nous ont dit qu'elle n'avait reculé devant aucune des conséquences de l'émancipation. On a fait ressortir avec beaucoup de complaisance des chiffres qui établissaient que les garnisons avaient été doublées, que les escadres avaient augmenté leurs forces, qu'on avait bâti des hospices d'enfants, de vieillards et de malades, que les prisons avaient été transformées en vastes cités de refuge pour les misérables, les paresseux et les vagabonds; que les temples, les chapelles oratoires, les écoles primaires, les caisses d'épargne et de prévoyance s'étaient multipliées partout et sous toutes les formes.

Malheureusement, et quoi qu'on en ait pu dire, l'Angleterre n'a rien fait de tout cela, pour ménager la transition de l'esclavage à la liberté. Si l'on en excepte Antigoa où les frères Moraves ont douze ministres et 15,000 adeptes, où cette mission entretient autant de temples que d'écoles, où un cinquième de la population fréquente les écoles primaires, où l'appropriation générale des terres ne laisse pas, comme dans le centre des autres colonies, des solitudes inha-

bitées où se réfugient l'indépendance et la paresse des noirs; si l'on en excepte Antigoa qui
doit à l'accident géographique dont nous par-
lons, plus encore qu'au zèle religieux des frères
Moraves, d'avoir pu abolir l'esclavage sans
abolir le travail, toutes les autres colonies anglaises nous fournissent l'exemple de l'incurie
et de l'imprévoyance avec lesquelles on les a
préparées au règne de l'affranchissement.

Dans la Guiane anglaise, à la Jamaïque, cette
St-Domingue de la Grande-Bretagne, à la Dominique, à Ste-Lucie, dans toutes les autres
colonies anglaises, la grande majorité des noirs
ne sait ni lire ni écrire; les quartiers les plus
peuplés manquent d'église; les ministres sont
obligés de célébrer le service divin dans des
sucreries et ne peuvent encore les célébrer que
quand la fabrication du sucre chôme.

On n'avait probablement pas en vue ces sucreries tour à tour transformées en temple et
en usine quand on nous disait que, depuis
l'abolition de la traite surtout, la Grande-Bretagne n'avait cessé d'initier le nègre aux principes religieux, à l'idée de la loi et de la puissance publique; qu'en Angleterre, cette Babel

de croyances et de cultes où l'on adore tout depuis la fève de Pythagore jusqu'à l'être des êtres, le zèle des sectes dissidentes avait jeté dans les possessions britanniques des armées de frères Moraves, méthodistes, baptistes, etc., *e tutti quanti!*

On n'a mis ainsi des armées en campagne que pour nous démontrer combien, sous les auspices du gouvernement anglais et des associations religieuses, les noirs anglais sont devenus plus chrétiens, plus religieux que les nôtres, plus avancés dans les voies de la civilisation.

Comme on tenait fort à justifier cette assertion, on citait une foule de faits qui avaient contribué à améliorer dans les colonies anglaises l'éducation morale et religieuse des noirs. On disait surtout que nos planteurs, obérés par l'élévation des tarifs et la concurrence de la betterave, ne jouissaient pas de cette aisance et de cette prospérité qu'on trouve chez les colons anglais et qui, tout en allégeant le sacrifice qu'impose une transformation de régime, exerce, beaucoup plus qu'on ne pourrait penser, une influence salutaire sur le traitement des esclaves. Or, on aura la mesure de l'influence que le bien-être des colons anglais peut exercer sur le traitement des esclaves quand on saura que la plupart des propriétaires ne vivent pas sur leurs habitations, mais dissipent leurs revenus en Europe, laissant à des régisseurs le soin d'administrer à merci leurs habitations et leurs noirs.

De tous les faits qu'on a cités pour démontrer l'infériorité morale et religieuse de nos esclaves noirs, il n'en est guère qu'un seul de quelque portée. Vingt-six ans avant le bill d'émancipation, la traite avait cessé dans les possessions britanniques, tandis qu'elle a continué dans les nôtres jusqu'en 1830. De là sur le sol un plus grand nombre de noirs, récemment arrachés aux côtes d'Afrique, et par conséquent plus étrangers aux notions d'ordre et de famille, de travail et de propriété.

Ce fait a quelque peu paralysé le progrès et le bien-être moral des esclaves dans nos colonies, mais alors même qu'il nous constituerait dans un état d'infériorité, ce serait une raison de plus pour nous de gagner sur le temps perdu, et de compenser la négligence de quelques années par l'ardeur du zèle.

Nous ne nous sommes pas assez sérieusement préoccupés en France de l'amélioration
morale et religieuse des noirs. Ce n'était pas,
au reste, dans le temps qu'on nous accusait
d'effacer Dieu de nos lois, et que nous avions
déjà trop à faire avec les révolutions et les dissensions civiles, que nous pouvions nous laisser
prendre à des idées de prosélytisme religieux.

Peut être aussi n'avons-nous pas été assez
pénétrés de la mission importante qui revient
au clergé dans les embarras si compliqués de
l'émancipation. Le clergé est pourtant après
tout la meilleure méthode d'affranchissement.
Ce corps est doué d'une persévérance d'action
et d'intention qui l'empêche de se décourager
et de s'arrêter lorsqu'il a un dessein bien arrêté
d'arriver à un but.

Si le temps était encore venu de rendre justice à tout le monde, nous dirions que les jésuites formaient des missionnaires d'un ordre
bien supérieur à ceux dont nous pouvons disposer de nos jours. La congrégation de Jésus
destinait à cet emploi une jeunesse distinguée
dans les sciences et les arts utiles. Ingénieurs
assez habiles pour exécuter les machines et les

travaux les plus compliqués, ces jeunes hommes étaient encore dessinateurs, musiciens, architectes, etc. Ce ne fut pas seulement en prêchant et en catéchisant que les jésuites firent fleurir le Paraguay; ce fut aussi par la culture des arts utiles et d'agrément. Tout en soumettant les sauvages aux lois de la religion, les jésuites s'attachèrent à les instruire et à les familiariser avec la pratique de nos arts; cet exemple d'ordre, de travail, de jouissance, de bien-être, se propagea de proche en proche, et multiplia leurs établissements; avec leur plan de conduite et de régime, avec la persévérance et l'habileté qu'on leur connaît, les jésuites excellaient surtout à faire des esclaves civilisés.

Pour obtenir de pareils résultats, pour préparer efficacement les esclaves noirs à la liberté, le clergé que la métropole envoie dans nos colonies est trop peu nombreux, trop mal choisi, trop livré à lui-même. Bien qu'à l'île Bourbon les noirs soient plus idolâtres que religieux, on voit cependant aux Antilles les idées religieuses progresser chez les noirs; en général les cérémonies du culte commandent aux noirs du respect et de l'attachement. Notre clergé des colonies ne sait pas tirer profit de ces dispositions heureuses; il pourrait acquérir de l'autorité; il n'est souvent qu'un sujet de scandale, et au lieu de former les noirs au bien et à la vertu, par l'autorité de l'exemple, il donne souvent le triste spectacle des mœurs dissolues.

Aussi il ne suffirait pas d'élever le nombre des ministres du culte au niveau des besoins qu'il faut satisfaire, il importerait encore de donner les plus grands soins à l'organisation, à la composition du clergé colonial. Ce clergé jusqu'à présent n'a pas été assez pénétré de sa mission importante, il a manqué de l'instruction spéciale qui lui était nécessaire pour remplir ses augustes fonctions avec zèle et sagesse, avec activité et prudence; trop souvent il s'est laissé entraîner, décourager, annuler. Si l'on tirait le clergé colonial de la congrégation des Lazaristes ou du séminaire du Saint-Esprit, institutions religieuses toutes soumises d'ailleurs à la juridiction de l'ordinaire, on obtiendrait dans les colonies un clergé compacte, uni, tout composé de ministres qui subiraient une

unité de direction, une surveillance réciproque et solidaire (1).

(1) Aujourd'hui il y a ou il doit y avoir dans nos colonies :

A l'île Bourbon.	19 prêtres.
Au Sénégal..	3
A la Guiane française.	7
A la Guadeloupe.	29
A la Martinique.	33
	91

C'est tout au plus un ministre pour 4,000 personnes.
Or, en 1834, on comptait à la Jamaïque :

Ministres de l'église établie.	65
Ministres presbytériens.	5
Missionnaires moraves.	30
Missionnaires méthodistes..	17
Missionnaires anabaptistes..	26
Prêtres catholiques.	2
	135

C'est un ministre pour 2,000 personnes; dans quelques
colonies, même depuis 1834, la proportion est de 1 pour
1,000.

Si, au lieu de ces chiffres relatifs à l'organisation du
clergé, nous faisions des comparaisons statistiques sur le
développement des écoles primaires, nous retrouverions
pour nos colonies les mêmes proportions d'infériorité. Nos
écoles, dans les colonies, sont insuffisantes, les frères de la
doctrine chrétienne y sont trop peu nombreux ; l'organisation des écoles primaires et du clergé colonial doit être
conçue sur des bases nouvelles; il faudrait au moins trois
prêtres par quartier. Peut-être serait-il nécessaire, pour
pouvoir réunir régulièrement les esclaves, de construire
des oratoires ou des chapelles vicariales, les églises étant

On a dit que, le christianisme était le culte
de la soumission aveugle, de la servitude inintelligente et passive. Entendons-nous bien ;
quand le christianisme vint apporter à la terre
la bonne nouvelle de la liberté, il ne fit pas un
appel à la révolte, et bien que de toutes les guerres la guerre de Spartacus fût la plus juste, la
charité chrétienne ne provoqua pas une insurrection de gladiateurs et d'esclaves pour amé-
ner le règne de la liberté. Il n'y a pas un seul
mot dans les Evangiles, dans les écrits des
apôtres, dans les pères de l'église, pour inspirer à l'esclave le sentiment de son opprobre et
de sa honte, pour l'exciter à la liberté par une
peinture exagérée de sa dégradation. Au lieu
de se livrer à des expositions de principes, à
des proclamations de vérités plus spéculatives

trop éloignées, et les populations étant trop agglomérées
dans les habitations. M. de Rémusat, dans son mémorable
rapport sur la propotition de M. Passy, a calculé, d'après
les aperçus qui lui ont été fournis par le ministre de la marine, qu'un crédit de 500,000 francs par an suffirait pour entretenir un nombre de ministres à peu près double de celui
qui existe aujourd'hui dans nos cinq établissements coloniaux, pour construire de nouveaux oratoires, pour entretenir vingt-cinq frères à la Martinique, autant à la Guadeloupe, dix à la Guiane, vingt à Bourbon, cinq au Sénégal.

que pratiques sur l'esclavage et cette condition de bête de somme, l'Evangile apporta à l'empire romain une civilisation qui, tout en donnant à la société des garanties d'ordre et de sécurité pour le présent, assura à l'avenir le règne du progrès et de la liberté. Cette méthode d'affranchissement est d'autant plus digne de commander notre attention que l'esclavage était chez les peuples anciens bien autrement odieux, bien autrement hostile au droit naturel que la servitude actuelle des noirs.

CHAPITRE IV.

L'esclavage dans l'antiquité chrétienne et la philanthropie.

C'est surtout dans les républiques de l'antiquité que l'esclavage était une pesante tyrannie ;
il n'y a jamais eu d'esclave plus malheureux que
l'esclave subissant le joug d'une république. A
voir combien était terrible la servitude dans
les républiques de l'antiquité , on serait tenté
de s'écrier avec Rousseau que l'extrême liberté
ne peut se maintenir que par l'extrême servitude.

Il faut lire dans Montesquieu ces pages
éloquentes où sont racontées, avec une tristesse
amère , les sanglantes dégradations de l'humanité. Les peuples anciens proscrivaient l'esclave de la société des hommes. Le titre
d'homme lui était interdit ; un préjugé barbare
ne lui donnait droit de bourgeoisie que dans
les tanières des bêtes fauves. « Les esclaves,
dit Montesquieu, n'étaient pas seulement es-

claves du maître, mais encore du public; ils appartenaient à tous et à un seul.

Avec l'égalité la plus grande, Sparte avait marié la servitude la plus terrible. La femme spartiate subissait un joug avilissant; les mœurs condamnaient sa pudeur à dépouiller toute chasteté; Lycurgue, dit Montesquieu, avait ôté la pudeur à la chasteté même. En voyant les jeunes filles danser et lutter absolument nues dans les fêtes publiques, le rude Spartiate s'habituait à mépriser la femme qui lui apparaissait dans l'état des animaux. Aussi chez les Spartiates la femme n'était pas regardée comme une moitié de l'homme, comme la chair de sa chair, les os de ses os; aux yeux du Spartiate, la femme était une machine nécessaire à la propagation; c'était un meuble qui se prêtait de voisin à voisin; et le Spartiate était adultère tout à la fois pour que l'avilissement de la femme se perpétuât et que la république eût de vigoureux défenseurs.

Avec un pareil système de communauté de femmes et de commixtions saint-simoniennes, les enfants devaient être et étaient en effet la propriété de l'état. La république, propriétaire inexorable, conservait ou anéantissait l'enfant au berceau, selon que sa constitution faisait espérer une grande énergie de forces physiques ou une débilité dans le corps. Ainsi le Spartiate appelé par sa constitution aux rêves de l'égalité subissait, dès sa naissance, une tyrannie qui avait à ce point la puissance d'user et d'abuser de sa chose, qu'elle pouvait lui ôter jusqu'à la faculté de vivre.

C'était bien autre chose de l'esclave auquel le droit de conquête avait imposé l'oppression. Le Spartiate, citoyen émerite, était le tyran implacable de l'ilote. Pour perpétuer la dégradation de ses esclaves, Sparte leur procurait toutes les facilités de l'ivresse, et quand, la tête appesantie par le vin, l'ilote trébuchait sur le sol, la sobriété de Sparte appelait les regards de ses citoyens sur un spectacle qui leur inspirait tout à la fois le dégoût de l'ivresse et le mépris de l'ilote. Ses lois veillaient tellement à ce que l'avilissement des esclaves se perpétuât dans les mœurs du Spartiate, qu'elles avaient établi pour chaque année la célébration d'un anniversaire où les ilotes, sans avoir provoqué ces mesures de rigueur, étaient fustigés de verges.

Par ce châtiment périodique, la conscience que l'esclave avait de son avilissement ne pouvait subir la prescription.

C'était sous l'empire de son étonnante égalité que la république avait promulgué la cryptie cette loi barbare qui, pour prévenir l'excrois- sance des ilotes, appelait les Spartiates à faire une boucherie publique des esclaves, et à leur courir sus comme sur des bêtes fauves. C'était au nom de l'égalité que les Spartiates, se ca- chant dans les bois, tuaient à l'affût les esclaves surpris sans défense. Parmi ces martyrs déci- més par une politique barbare, le fer du Spar- tiate choisissait surtout l'ilote remarquable par la beauté de ses traits ; la beauté chez l'esclave était une anomalie ; les *citoyens* de Sparte étouf- faient le monstre.

Ce droit barbare de disposer de la vie du vaincu, même longtemps après la conquête, existait chez tous les peuples de l'antiquité. Parmi ces peuples, les uns l'exerçaient par in- stinct de férocité, les autres par droit de repré- sailles. On sait que les Hébreux subirent en Egypte une espèce de *cryptie* ; les livres saints racontent comment Moïse échappa à la pro-

scription générale. L'esclavage, pour être une
transaction avec la mort, n'était pourtant pas
toujours une transaction définitive. A Sparte,
la transaction ne faisait pas loi pour le vainqueur ; le vainqueur pouvait, surtout au temps
où la cryptie était mise en vigueur, revenir sur
le droit que lui avait abandonné la conquête ;
ce droit, ce n'était seulement pas le maître qui
l'exerçait, mais un Spartiate quelconque ; car la
cryptie était encore pour Sparte un moyen
de former ses citoyens aux exercices de la
chasse.

Le peuple romain, en imposant son joug au
monde connu, conserva d'autant plus ce droit
de vie et de mort qu'il existait déjà dans les
mœurs féroces de ce peuple roi. Seulement après
la conquête romaine les peuples l'exercèrent
sous de nouvelles formes.

C'était surtout dans l'antiquité que la condition de l'esclave était celle d'une bête de
somme ; l'histoire nous a conservé le dernier
vœu du gladiateur allant aux bêtes : *Tes esclaves qui vont à la mort te saluent, bon empereur.* Ces tristes adieux des martyrs de la férocité romaine résument à la manière de Tacite la

déplorable condition de l'esclavage ancien.
Quelque impitoyable que fût le droit du maître,
le christianisme respecta ce droit, ou du moins
ne l'attaqua pas en face et de prime abord. Il
s'attacha uniquement à refaire les mœurs, à améliorer les rapports du maître et de l'esclave.
Déclarer une guerre ouverte et violente au droit
du vainqueur, à ce droit consacré par les
mœurs et par les lois, c'eût été rendre plus
misérable encore la condition de l'esclavage, et
ajourner peut-être à une époque plus éloignée
le jour de la liberté. Les mauvaises lois, les
coutumes et les institutions vicieuses commandent aux réformateurs une sorte de respect et
de culte, alors surtout qu'elles servent de base
au système civil ou politique d'un peuple. Dans
l'ordre social pas plus que dans l'ordre physique, le jour ne succède pas brusquement à la
nuit. Les hommes ne marchent dans les voies
du progrès, les mœurs et les institutions ne se
transforment que par gradation, et presque
sans que cela paraisse.

La philanthropie, qui n'a pas fait ses preuves
comme la charité chrétienne, veut arriver à son
but avant même de partir. C'est vainement

qu'on lui dit que l'amélioration qui peut résulter d'un changement ne saurait assez dédommager du danger des innovations brusques et précipitées. Nos philanthropes ne s'en montrent que plus ardents à poursuivre leurs rêves d'émancipation immédiate et générale ; ils veulent l'affranchissement à jour fixe, ils le veulent sans exiger de garanties ; ils le veulent comme un droit, non comme une récompense.

A les entendre même, leur méthode d'affranchissement serait la moins aventureuse et la plus sûre alors qu'elle se met à la discrétion du hasard, et qu'en violant toutes les lois de la prudence elle provoque elle-même les dangers, elle organise elle-même les obstacles et les collisions; alors que la Convention fit d'une manière si désastreuse pour le pays l'essai de cette méthode si infaillible et si sûre, que le décret du 16 pluviose an II décréta dans un article si simple et si court : « L'esclavage est » aboli dans toutes les colonies françaises » ; alors que cette liberté, ainsi proclamée à son de trompe et de tambour, devint la source des plus grands désordres, et amena l'abolition définitive du travail; alors que ce décret fut bientôt réduit à l'état de loi menteuse, et qu'on retira de la main gauche ce qu'on se montrait si vaniteux d'avoir donné de la droite.

Nous savons trop de combien d'éléments divers se composait la situation de Saint-Domingue pour invoquer à l'appui de notre opinion les désastres de cette colonie. L'isolement prolongé d'Haïti ne nous permet pas d'interroger tous les détails de son histoire et de ses monuments législatifs, pour pouvoir déterminer la part qu'eut le décret de l'an II à la catastrophe de cette reine des Antilles.

Nous ne voulons pas citer non plus les résultats de la méthode infaillible et sûre dont la Martinique et la Guadeloupe firent la triste expérience ; dans ces deux colonies la guerre vint trop modifier l'expérience de la Convention ; et quant à l'île Bourbon, nous n'avons pas à nous en occuper, puisque l'assemblée coloniale se refusa à l'exécution du décret de l'an II et maintint les noirs dans la servitude.

Mais il n'en fut pas ainsi de la Guiane ; là l'expérience fut acceptée ; là elle se fit sans que l'invasion anglaise vint l'interrompre. Nous pouvons suivre les phases successives de cette expérience; grace au zèle de M. Aubert-Armand, ancien magistrat de Cayenne, nous avons des actes législatifs qui nous permettent de juger une émancipation immédiate et générale, une émancipation proclamée, exécutée, révoquée par le même gouvernement.

Le citoyen Jeannet, neveu de Danton, fut envoyé dans la colonie pour *organiser* la liberté. Les lettres qui investissaient le commissaire civil de cette mission donnaient à la Guiane la dénomination de *département de la Guiane française*. Cet organisateur de la liberté joint d'abord au décret de l'an II une proclamation dont l'article 9 annonce *que le Directoire fera planter des vivres pour un an*. Cet article 9 est accueilli par les nègres avec des transports d'allégresse; voyant déjà dans l'abolition de l'esclavage l'abolition du travail, ils se demandaient où étaient les nègres *noves* destinés aux plantations de vivres. Les proclamations se succèdent bientôt pour désabuser les noirs et leur répéter sans cesse que la nature donne l'indépendance, mais que le travail et les vertus *la conservent seuls*.

Les exhortations *fraternelles* de l'autorité,

pour appeler les noirs au travail restent sans
effet ; la récolte du coton est perdue ; les noirs
désertent les établissements publics où ils étaient
bien nourris et bien payés; la mise en réquisition , la menace de la prison, de la privation
des deux tiers du salaire, provoquent des révoltes à main armée. Le décret d'abolition
avait été lu dans le *département de la Guiane
française* le 14 juin 1794, et, dès l'année 1795,
la licence , l'insubordination sont les seuls
instruments de production dans la culture coloniale.

L'autorité use alors d'une combinaison nouvelle, et, tout en frappant le vagabondage de
peines sévères, elle essaie d'appeler le noir au
travail, tout à la fois par la terreur du châtiment et par la perspective d'un salaire qui n'est
rien moins que du tiers du revenu de chaque
habitation. Cette fois, le contrat entre le maître
et le cultivateur ne doit avoir lieu que de gré à
gré, et pour une année seulement. C'est vainement que la Convention décrète la peine de
mort contre tout cultivateur qui n'obéira pas à
la réquisition. On voit les noirs épuiser tout
leur fond d'astuce et de subterfuges pour se

donner les apparences de propriétaires ou de locataires cultivant pour leur propre compte. La colonie touche à sa ruine ; une horrible famine est prête à la dévorer. La paresse du noir a transformé une nature féconde et libérale en un sol stérile et improductif.

L'offre du *tiers du revenu* ayant été sans succès, on fait la part des répugnances possibles, et pour ne plus replacer les noirs en présence de leurs anciens maîtres, on nationalise les habitations de la république, des émigrés, et toutes les propriétés abandonnées. On met les cultivateurs en réquisition ; un salaire fixe et magnifique leur est offert. La police envers les amis du travail doit se montrer douce, amicale, fraternelle. Ce nouvel appel aux *frères* et *amis* ne trouve d'écho dans leurs ames que pour les exciter à des attroupements séditieux. Des soldats de la république sont attaqués à main armée ; des citoyens, surpris dans leurs habitations, sont garrottés et menacés de la mort. Tandis que la Convention organisait la liberté dans le département de la Guiane française, les noirs libres organisaient l'assassinat, le pillage et l'incendie. Le déplorable expédient des commissions militaires devient une nécessité pour le gouvernement local. Au nom de la liberté, on passe plusieurs noirs par les armes.

La terreur des commissions militaires commence à porter quelques fruits. Le travail reprend son activité. L'arrêté de messidor an IV organise la liberté par le travail. Cet arrêté, tout en diminuant la tâche d'un cinquième, institue une police plus minutieuse et des peines plus sévères. Sous l'impression de cet arrêté et des commissions militaires, les noirs reviennent à l'ancienne discipline ; la terreur a plus de puissance que les exhortations amicales et fraternelles. L'autorité cette fois obtient deux récoltes.

Nous sommes en 1798. Les commissions militaires n'existent plus que dans le souvenir ; l'arrêté de messidor est tombé en désuétude ; les noirs désertent les ateliers ; ils se révoltent et profèrent des menaces de mort contre les blancs. L'autorité locale revient à son système de terreur. Le travail ou la mort, telle est l'alternative offerte aux cultivateurs. On les met en réquisition pour les travaux de la campagne; on les confine tous, et pendant deux ans, dans leurs habitations respectives.

Ces mesures de rigueur n'ont aucun succès cette fois : les désordres continuent; les noirs, plus paresseux, plus turbulents, plus séditieux, jettent la frayeur dans les habitations. La colonie, menacée de l'invasion anglaise, est mise en état de siége. Bientôt arrive dans la colonie Victor Hugues avec sa réputation de fermeté féroce. Sous sa main de fer, le calme renaît, les travaux sont repris. Alors la métropole juge l'épreuve suffisante; elle efface de ses lois *le suicide de la liberté sans expérience*, et rétablit à la Guiane la servitude, telle qu'elle existait avant 1789.

Nous nous sommes arrêté avec quelque complaisance à tous ces détails historiques de l'exécution du décret de l'an II dans la Guiane, parce que cette expérience est concluante, car elle s'est faite en dehors de toutes les circonstances qui modifièrent les effets du décret de l'an II dans les autres colonies. A la Guiane, le décret du 29 juillet 1791, qui accordait les droits de citoyens actifs aux hommes de couleur nés de pères et mères libres, ne mit point aux prises les deux races, et ne les plaça pas dans la déplorable nécessité d'appeler l'une et l'autre les esclaves à leur secours. A la Guiane, le décret de l'an II n'eut point pour précurseurs les Bellegarde et les Ignace qui commirent à la Guadeloupe les mêmes atrocités que les Jean François et les Biassou allaient commettre à Saint-Domingue. La Guiane n'avait pas encore assisté au désastreux spectacle d'incendies à la lueur desquels les commissaires français promettaient la liberté à tout esclave qui viendrait se ranger sous leurs drapeaux.

Avant l'arrivée dans la colonie du commissaire civil Jeannet, la Guiane était vierge encore de tous les désordres, de toutes les atrocités dont Saint-Domingne, la Martinique et la Guadeloupe avaient déjà été le théâtre. Le décret de l'an II fut pour la Guiane une expérience, accomplie au grand jour, sans trouble extérieur et pendant huit ans.

C'est avec le même concours des circonstances les plus favorables à la solution du problème que la Grande-Bretagne a tenté sa grande épreuve d'émancipation générale; et pourtant, dès aujourd'hui, nous pouvons pressentir les conséquences définitives de cet autre suicide de la liberté sans préparation. Déjà se manifestent dans les colonies anglaises l'aban-

don des cultures et la dépréciation des propriétés, ces symptômes alarmants qui provo-
quèrent le travail forcé et la réquisition à la
Guiane, à la Martinique, à la Guadeloupe et à
Saint-Domingue.

Si l'on considère les différences physiques et
morales qui séparent les diverses colonies auxquelles le bill a été appliqué, on est surpris de
leur caractère de généralité, et l'on ne saurait
trop comment expliquer l'engouement de la
Grande-Bretagne pour une panacée aussi universelle, si on n'en trouvait bientôt la raison
dans cette circonstance que la grande mesure
d'émancipation n'a provoqué de la part de l'Angleterre aucune préparation sérieuse.

On se rappelle les débats passionnés dont il y
a peu de jours encore retentissait le parlement
anglais. Il s'agissait de faire cesser l'apprentissage avant le terme fixé par ce bill d'émancipation qu'avaient accueilli les acclamations et les
sympathies de toute l'Angleterre. Aux communes, un orateur menaçait, si la matière était
rejetée, d'apporter des pétitions cinq cents fois
plus nombreuses. Ces débats orageux nous expli-
quent l'entraînement du parlement anglais dans

sa réforme coloniale. Mais tout en cédant à un public ému, à des pétitionnaires dont la foule menaçait d'envahir les portes du temple législatif, le parlement, malgré tous ces grands airs de sollicitude pour la liberté des noirs et le triomple de l'humanité, n'en rédigea pas moins le bill d'émancipation avec des idées de marchand. Dans ses élans même de philanthropie, l'Angleterre ne perd jamais de vue le but solide et positif vers lequel elle marche. Son cœur ne laisse pas que de calculer; et il n'est pas rare, à l'heure qu'il est, de rencontrer des Anglais qui accusent publiquement l'amiral Codrington d'avoir *sottement* et *mal à propos* vaincu à Navarin.

On est assez généralement convenu en France de voir dans l'apprentissage décrété par le parlement anglais une manière de transition entre le régime de l'esclavage et celui de la liberté. C'est une grande erreur ; et au lieu de donner aux noirs les lumières, les habitudes qui initient à la liberté, l'apprentissage n'est que le solde, l'appoint des vingt millions sterling d'indemnité. C'est tellement là le motif de l'apprentissage, que l'apprentissage a toujours é é combattu au nom des esclaves et soutenu au nom des propriétaires; que le bill émancipe les domestiques deux ans avant les esclaves ruraux, précisément parce que ces esclaves en état de domesticité rendaient à leurs maîtres un service constant, et leur payaient plus promptement l'appoint de l'indemnité.

Des guinées et la prolongation du travail forcé, voilà le mode d'indemnité suivi par le parlement. Or, il est arrivé que les propriétaires d'esclaves ont trouvé le prix en guinées beaucoup trop faible, et la prolongation du travail forcé beaucoup trop onéreuse. De là des doléances et des cris de détresse; de là aussi cet empressement qu'ont montré les assemblées coloniales à substituer l'émancipation à l'apprentissage. L'apprentissage était une si mauvaise marchandise que les colons anglais ont préféré la donner pour rien que de la garder plus longtemps en magasin. En abolissant l'apprentissage, les assemblées coloniales ont calculé comme l'Angleterre elle-même avait calculé en le transformant en loi.

combattu au nom des esclaves, et soutenu, au nom des propriétaires; que le bill émancipe les domestiques deux ans avant les esclaves ru- raux, précisément parce que ces esclaves en état de domesticité rendaient à leurs maîtres un service constant, et leur payaient plus promptement l'appoint de l'indemnité.

Des guinées et la prolongation du travail forcé, voilà le mode d'indemnité suivi par le parlement. Or, il est arrivé que les proprié- taires d'esclaves ont trouvé le prix en guinées beaucoup trop faible, et la prolongation du travail forcé beaucoup trop onéreuse. De là des doléances et des cris de détresse; de là aussi cet empressement qu'ont montré les as- semblées coloniales à substituer l'émancipation à l'apprentissage. L'apprentissage était une si mauvaise marchandise que les colons anglais ont préféré la donner pour rien, que de la gar- der plus longtemps en magasin. En abolissant l'apprentissage, les assemblées coloniales ont calculé comme l'Angleterre elle-même avait calculé en le transformant en loi.

CHAPITRE V.

L'esclavage dans nos îles d'Amérique.

Certes, si nous n'avions à voir dans la question de l'émancipation des noirs que le côté positif et économique, il nous serait bien facile de démontrer que dans les colonies le travail libre, s'il était possible de l'organiser, imposerait aux planteurs des charges moins dispendieuses que le travail forcé. Si l'esclave était surtout suffisamment préparé pour les idées de liberté, de famille, d'ordre, de propriété, nous ne serions pas les derniers à nous faire les apôtres ardents de l'émancipation immédiate.

L'esclavage est une de ces propriétés malheureuses qui, défendues avec violence, comme toutes les tyrannies, semblent ne devoir être attaquées qu'avec plus de violence encore. C'est une raison de plus de se prémunir tout à la fois contre les calomnies systématiques des philanthropes qui ont transformé l'esclavage colonial en une condition de bête de somme, et contre les descriptions des anti-abolitionistes qui ne voient dans l'esclave noir que l'habitant d'une terre d'Eden.

Pour bien fixer ses idées sur la situation réelle des esclaves noirs dans nos colonies, il importe, dès l'abord, de séparer le régime légal du régime de fait auquel l'esclave est soumis.

La première loi sur l'esclavage est l'édit du mois de mars 1685, si connu dans l'histoire coloniale sous le nom de code noir. Ce code, qui porte l'empreinte de l'époque où il fut rédigé, et qui décrète contre les noirs des châtiments qui se rapprochent assez des supplices adoptés par les codes criminels de la vieille Europe, ne laisse pourtant pas, après bien des dispositions écrites avec du sang, de s'occuper avec beaucoup de sollicitude des obligations du maître pour l'entretien et la nourriture de l'esclave. Ces obligations y sont réglementées avec une libéralité que la pratique n'a pas toujours imitée. Après avoir traité l'esclave en bête de somme, ce code, par une inconséquence qui caractérise bien l'époque où il fut rédigé,

se souvient tout à coup que le nègre a une ame
et prescrit en sa faveur des devoirs religieux
dont la civilisation moderne aurait aujourd'hui
beaucoup à s'applaudir, s'ils étaient mis en
pratique.

C'est de ce code promulgué à la Martinique,
à la Guadeloupe, à la Guiane, appliqué à l'île
Bourbon avec quelques modifications par les
lettres-patentes de 1723 ; c'est de ce code com-
menté, développé, modifié, soit par le gouvernement métropolitain, soit par les autorités coloniales, qu'est sortie la constitution légale de
l'esclavage dans nos colonies.

Dans ce droit colonial, l'esclave n'est pas une
personne, c'est une chose, c'est un meuble. Or,
si on le considère comme appartenant à une
plantation, c'est un immeuble par destination;
c'est dire assez que l'esclave ne peut ni acquérir ni posséder, et qu'il ne peut être ni tuteur,
ni caution, ni témoin.

En droit criminel, pour la juridiction et la
procédure du moins, le bénéfice du droit
commun est acquis à l'esclave. Si des délits
spéciaux, tels que le marronnage ou la désertion à l'intérieur, et l'évasion ou la désertion à

l'extérieur , encoururent pendant longtemps des pénalités cruelles, il est juste de dire qu'aujourd'hui la législation s'est tellement adoucie à cet égard, qu'elle ne punit ces délits que comme des fautes de discipline.

On sait que ces fautes disciplinaires, que leur surveillance et leur répression sont confiées à l'autorité du maître. Le maître est un magistrat domestique que la loi arme d'un pouvoir pénal contre certains larcins, contre la paresse, l'insubordination et le manque de respect. Pour réprimer des fautes dont il est le seul juge, le maître peut faire enfermer l'esclave dans une geôle pendant un temps limité, ou le faire attacher à une pièce de bois qu'on appelle la barre ou le bloc, ou lui faire donner, à Bourbon, trente coups de fouet, dans les autres colonies, vingt-neuf.

Tel est le régime légal de l'esclavage. Il y a bien loin de cet état légal à l'état réel et de fait. Nul n'ignore combien les lois pénales sont modérées dans l'application qui en est faite aux esclaves noirs. Bien que, dans l'atténuation des peines, toute latitude soit laissée aux juges, le vol, accompagné de circonstances aggra-

vantes qui, chez nous, le font qualifier crime
et punir des travaux forcés à temps, ne soumet
pourtant les esclaves qu'à une simple peine
correctionnelle. Mais il est juste aussi de reconnaître qu'une population malheureuse peut
être régie par une législation modérée. Nous
écarterons donc les considérations de cette nature pour ne nous placer qu'en présence des
faits qui n'appartiennent qu'à un peuple jouissant d'un certain bien-être.

Une population où il y a beaucoup de naissances et de longévités n'est certainement pas
une population malheureuse. Or, voici les chiffres que nous empruntons à une statistique
dressée pour l'année 1832 par le directeur de
l'intérieur, à Bourbon. Le nombre des esclaves des deux sexes et de toutes castes s'élève à
70,458. On ne compte que 27,247 personnes
libres. Dans la population libre, il n'y a que
13,831 femmes, tandis que dans la population
esclave, le nombre des femmes s'élève à 24,292.
Le chiffre des enfants libres est de 1,155; celui
des enfants esclaves est de 1,563. Proportion
gardée, la différence est toute en faveur de la population esclave. Quant aux longévités, voici

les chiffres. Tandis que le nombre des individus libres qui ont dépassé l'âge de 60 ans ne
s'élève qu'à 1,113, on compte 3,142 esclaves
qui ont dépassé cet âge. La différence pour le
nombre proportionnel des esclaves est encore
ici en faveur de la population esclave, bien que
la vie des esclaves noirs soit si susceptible de
s'abréger de beaucoup par des causes naturelles qui dérivent du climat, et surtout des habitudes peu hygiéniques des noirs. Ajoutons
encore que les naissances et les longévités des
personnes libres sont assez fidèlement décla-
rées et recensées, tandis que les colons sont
assez portés à dissimuler la naissance des enfants esclaves et l'existence des vieillards esclaves, pour se soustraire aux taxes qui atteignent les enfants et les vieillards, bien qu'ils
soient improductifs.

Si de cette nature de faits nous passons à un
autre ordre de démonstration, les dépenses de
luxe des esclaves, nous trouvons dans un document officiel, émané de la douane en 1833,
que les objets d'importation servant presque
exclusivement au vêtement et à la nourriture de
luxe des noirs s'élèvent, année commune, à

3,500,000 francs, encore que cette valeur soit seulement le prix déclaré à la douane, prix dans lequel n'entre pour rien la dépense des droits et du prêt, dépense qu'on ne saurait porter à moins de 20 pour cent. On lit encore dans ce tableau officiel de la douane que les infirmeries et les habitations pluvieuses ont consommé une grande quantité de couvertures de laine et de coton à l'usage des noirs. Mais c'est surtout dans ce document qu'on trouve la preuve de cette vérité, que l'aisance du maître augmente le bien-être de l'esclave. Les années où les ateliers ont le plus dépensé sont précisément celles de 1827, 1828, 1829, et les premiers mois de 1830, époque où les lois métropolitaines et les circonstances politiques ont le plus favorisé la production coloniale.

Au lieu de nous livrer à des discussions qui ne tendent qu'à provoquer des révoltes dans nos provinces d'outre-mer, nous ferions une besogne bien mieux entendue si nous réduisions le tarif sur le sucre colonial, ou si nous laissions à nos colonies la faculté d'exporter directement leurs sucres sur les marchés de leur choix. Améliorer ainsi la situation désespérée des co-

lons, ce serait augmenter le bien–être des esclaves noirs. Ces mesures intelligentes, pour
peu qu'elles fussent accompagnées d'un caté-
chisme et de quelques frères ignorantins, hâte-
raient le triomphe de la liberté, bien plus que
toutes nos conversations parlementaires.

Déjà l'abolition de la traite a fait faire un
grand pas dans la voie de l'émancipation. Toutes les circonstances auxquelles se rattache la
traite des noirs, ainsi que les causes qui firent
naître ce trafic des hommes, ne permettent pas
de parler de la traite sans que des idées amères
se mêlent à ce récit. Les dévastateurs du
Nouveau-Monde ont été livrés à la malédiction
de tous les peuples et de toutes les langues.
Après avoir décimé la population indienne, les
Espagnols jetèrent une si grande terreur parmi
le reste des indigènes, que ces conquérants cupides se trouvèrent bientôt sans bras pour cultiver le sol. On ne saurait mieux flétrir un tel
système de conquête et de destruction qu'en
rappelant les paroles célèbres du vertueux
Bartholomeo de Las Casas : « Ils ont assas-
siné 15 millions d'indigènes, à la honte de Dieu
et de la religion; les aveugles le verront, les

morts le crieront et les sourds l'ouïront; je prends Dieu à témoin que ces crimes seront la ruine des Espagnols..... Si l'on mettait d'un côté l'or du Pérou et de l'autre le sang des Indiens, le sang pèserait plus que l'or. »

On épuisa l'Afrique pour remplacer une population qu'on avait assassinée. La partie du Nouveau-Monde située dans la zone torride ne pouvait être cultivée par des bras européens. Pour que la nature, dans ces climats embrasés, pût fournir ses riches productions, il fallait l'organisation vigoureuse du nègre, et un sang qui fût familiarisé avec la fermentation. Le nègre seul put garantir à l'Europe la prospérité de ses colonies ; mais si la traite des noirs était devenue une condition de prospérité pour les colonies européennes dans le Nouveau-Monde, ce n'était qu'autant qu'elle resterait soumise à de certaines limites. L'intérêt même des colonies exigeait que la traite ne se fît pas avec trop d'activité. Une excroissance de population esclave, un luxe d'esclaves surabondants, aurait produit, dans les colonies, une influence funeste aux intérêts et peut-être à l'existence des colons. L'excès de la population

esclave fût devenu pour les colonies de l'Europe une plaie de l'Egypte. La cryptie de
Sparte, l'exposition des enfants dont la vieille
Egypte se fit un moyen de détruire la surabondance des esclaves, eussent soulevé d'une indignation généreuse la civilisation du dix-neu-
vième siècle. Ces moyens barbares de destruction furent écartés; on ne détruisit pas les
esclaves, mais on en prévint l'excroissance.
Pour extirper jusqu'à la possibilité du mal, on
remonta jusqu'à sa source; la traite fut abolie.

L'Angleterre, plus intéressée qu'aucune autre
puissance à l'accomplissement d'un fait si vital
pour ses nombreuses colonies, donna le signal
de l'abolition. Elle prit l'initiative dès l'année
1807, et le 25 mars de la même année l'abolition de la traite avait été proclamée par le
gouvernement britannique. L'Angleterre ne
s'arrêta pas en si bonne voie; elle fit jouer tous
les moyens qui étaient à sa disposition pour
que les autres puissances s'empressassent, elles
aussi, d'abolir la traite. L'habileté anglaise,
avec cet esprit de suite et de persévérance
qu'on lui connaît, se métamorphosa sous toutes
les formes; la diplomatie et les protocoles

furent ses plus grands mobiles de succès. Les cours européennes furent prises par le senti-ment, et dès l'année 1814 les puissances assemblées au congrès de Vienne s'engagèrent à réunir leurs efforts pour mettre fin à une traite qui désolait l'Afrique, dégradait l'Europe et affligeait l'humanité.

Mais sans nous arrêter plus longtemps aux motifs qui inspirèrent les puissances de l'Europe dans cette circonstance célèbre, il est certain que l'abolition de la traite fut aussi profitable aux colonies qu'aux esclaves noirs. La facilité qu'avait le colon de se recruter d'esclaves dans les navires négriers tendait à relâcher le lien qui doit attacher l'intérêt du maître au bien-être de l'esclave. Ce lien fut heureusement resserré par l'abolition de la traite. Jusque-là nulle autre garantie que l'humanité du colon n'avait assuré le bien-être du noir. Désormais l'esclave trouva une garantie réelle dans l'intérêt qu'eut son maître de protéger une vie et une santé qui devaient être indispensables à la prospérité des habitations. L'abolition de la traite a transformé le bien-être matériel et moral des esclaves noirs en un principe d'économie domestique.

CHAPITRE VI.

Les noirs d'Europe et les noirs de nos colonies.

Il n'entre nullement dans nos intentions de dissimuler les excès de quelques maîtres injustes, de quelques affranchis surtout, de quelques artisans, de quelques petits propriétaires qui possèdent des esclaves. Mais en France un père de famille peut se rencontrer sévère et dur dans le foyer domestique ; parce qu'il rend malheureux tout ce qui l'entoure, allez-vous mettre hors la loi l'autorité paternelle ? Allez-vous briser les liens qui font la famille et la société ? Non, sans doute ; et à tous ces abus inséparables de la nature humaine, vous opposerez pour frein l'opinion, l'exemple, les lois, le bonheur, les remords, l'intérêt personnel, le mépris et l'estime. Pourquoi ces remèdes seraient-ils sans effet dans les rapports du maître et de l'esclave ? Sur quel fondement allez-vous croire que les colons sont des ogres, qu'ils dispensent le châtiment par caprice, qu'ils tourmentent leurs esclaves pour entendre autour d'eux un concert infernal de cris, de gémissements, de malédictions? Pour quelques faits rares et isolés qui, en Amérique comme en France, excitent l'indignation et l'horreur, n'êtes-vous pas trop absurdes de conclure que les colons mutilent et tuent leurs esclaves? Ignorez-vous donc que la police dans les colonies, comme dans la métropole, réprime tous les excès quand ils sont connus?

Comme vous, nous savons tout le prix qu'on doit attacher à la liberté; et si quelques publicistes ont signalé des peuples chez lesquels c'était chose commune de se vendre et de se transformer en esclaves pour de l'argent, il serait facile de démontrer que la liberté de ces peuples ne valait pas grand'chose, et qu'elle était pour le moins une bien mauvaise marchandise. Que fait au pauvre la liberté lorsque cette divinité indigente et couverte de haillons ne peut ni étancher la soif, ni satisfaire la faim, ni revêtir la nudité des adorateurs qui se pressent autour de ses autels? La conviction intérieure de la liberté ne saurait soustraire l'homme nécessiteux au plus impérieux de tous les besoins, celui de la faim ; il est bien dur pour l'homme libre de subir les fantaisies, les reproches, le mépris de celui dont il implore l'assistance. Trouverez-vous dans cette existence avilie et douloureuse, plus que dans celle de l'esclave qui se rend au moins utile à son maître, cette énergie de caractère, cette dignité de l'homme qu'inspire et que nourrit la liberté? Voyez-vous donc sur le front de l'esclave noir qui ne manque de rien quelque signe d'infériorité aux mendiants qui nous abordent? Ce n'est nullement à dire que la servitude soit préférable à la liberté ; qu'on doive proscrire le travail libre, pour proclamer le règne indéfini du travail forcé. Ne perdons pas de vue que nous n'avons pas ici à chercher une définition, mais bien à comparer deux conditions d'hommes destinés à supporter le poids de travaux pénibles suivant ces deux classes d'hommes dans les différentes périodes de la vie et dans leurs ateliers.

Nous n'avons pas besoin de vous dire combien est amère et pénible l'existence des travailleurs libres, qui n'ont d'autre propriété que leurs bras et leur misère, et qui, sans talent, sans intelligence, sont relégués dans les classes les plus infimes de la société. Le soleil de la liberté s'est vainement levé sur leurs têtes. La misère, la faim, les rendent esclaves du riche. Le travail est le seul acte de servitude qu'exigent les colons de leurs esclaves ; nos prolétaires subissent tout à la fois le joug d'un travail dix fois plus pénible, et celui d'une rétribution parcimonieuse qui ne donne pas toujours même du pain noir à leur indigence. Ils supportent un fardeau plus lourd que celui du nègre, et ils ne rencontrent même pas les jouissances qui dédommagent le nègre de son travail. Pendant douze heures, ils vendent leur liberté et leurs sueurs pour ne pas même recevoir un salaire suffisant à leurs dépenses frugales. Bientôt le travail manque, les bras chôment, la maladie, la vieillesse et les infirmités viennent leur dire que pour eux il n'y a plus de place dans le banquet de la vie. Que savez-vous ? Peut-être ce prolétaire avait une fille née pour le travail et la vertu. La faim a été mauvaise conseillère, et l'enfant du pauvre s'est jetée dans la voirie du coin de la rue.

Comme le manœuvre, le nègre travaille pour sa subsistance. Bien que ses mains paresseuses

et malhabiles produisent chaque jour dix fois
moins de travail que les bras de l'ouvrier européen, le noir jouit d'une existence matérielle
supérieure de beaucoup à celle des travailleurs
en France. Aux Antilles, les cultivateurs ne sont
pas délaissés; si l'âge ou une maladie passagère
paralyse leurs bras, l'intérêt et l'humanité les
couvrent d'une double égide contre la misère
des vieux jours et les temps mauvais. Dans son
enfance, l'esclave mieux traité, mieux nourri,
mieux vêtu que nos pauvres villageois, est
soumis, comme eux, à l'autorité paternelle.
Adolescent et laborieux, il goûte bientôt les
plaisirs de l'amour; et bien que la législation
lui interdise les droits de propriété, il n'en devient pas moins propriétaire de fait : on lui
donne un jardin, une maison, des poules, un
cochon. Il dispose de ses récoltes comme tout
propriétaire. Nul ne peut le forcer à lui donner
à bon marché les œufs, les poules, les légumes,
fruit de ses économies et de son labeur. Si vous
parcourez les ateliers, les chants cadencés des
cultivateurs noirs vous indiquent assez que ce
n'est pas dans les habitations coloniales que la
misère et le désespoir sont venus poser leur

tenté. Dans les jours de fêtes, les parures des noirs, leurs danses, leurs calendes, vous offrent le spectacle d'une population ivre de plaisir dans la servitude, et qui, loin d'accuser l'injustice, la dureté de ses maîtres, bénit dans ses transports de joie la main qui répare sa maison quand elle est incendiée, et qui lui laisse la faculté de jouir de son pécule et de son industrie sans payer de tribut. Les colons sont-ils donc si criminels pour le bien-être qu'ils font à leurs esclaves? Est-il donc plus barbare aux planteurs de faire travailler leurs noirs qu'il n'est injuste à vous de laisser chômer les bras du travailleur libre, ou de ne le faire travailler qu'à la condition d'un salaire qui le laisse dans la plus affreuse indigence?

Si au lieu de cette existence incertaine et aventureuse la France assurait à ses prolétaires le logement, la nourriture, l'entretien, croyez-vous qu'il resterait beaucoup de familles qui ne s'empresseraient pas de venir se placer sous un joug qui ne leur imposerait d'autre condition que d'aliéner pour toute leur vie leurs bras et leur travail? Transformez le travail libre en un travail forcé qui assure l'existence du prolétaire, qui le garantisse contre les jours de chômage et de maladie, opérez cette révolution dans l'organisation du travail, et vous verrez qui aura le plus d'adorateurs, ou de l'indigente liberté, ou de la déesse de l'abondance.

La philanthropie est toujours prête à crier au blasphème quand on écrit que le sort de l'esclave dans les colonies est moins à plaindre que celui de la basse classe en Europe. Il suffit pourtant de rapprocher la situation réelle de l'esclave de la condition que l'Europe a faite à ses travailleurs, pour se convaincre que cette assertion est moins dictée par l'intérêt colonial que par la vérité.

Pour produire dans toute sa nudité la détresse du prolétaire en Europe, nous n'invoquerons pas les paroles ardentes de M. de Lamennais; on pourrait les taxer d'exagération et de radicalisme. C'est un homme de sens et de savoir, c'est un ami de l'ordre et de la propriété, c'est un publiciste qui a profondément étudié les institutions de l'Europe et qui a sondé toutes nos plaies sociales, c'est M. de Sismondi enfin qui va se charger de fournir la preuve dont nous avions besoin.

« L'organisation économique qui prévaut aujourd'hui, dit ce publiciste célèbre, a ôté au pauvre presque tout moyen de travailler sans se mettre dans la dépendance absolue du riche; elle l'a détaché de la terre, et a rompu tous les droits perpétuels qu'il avait autrefois sur elle; elle a permis au propriétaire du sol de congédier le cultivateur avec sa famille, tout au moins à la fin de son bail, après sept ans, mais souvent aussi tous les ans, toutes les semaines, même tous les jours, comme son nom de journalier l'indique. Le cultivateur auquel les propriétaires refusent de l'ouvrage offre en vain le service de ses bras et de son activité; aucun travail ne lui est possible, il faut qu'il meure de misère. Les industriels, qui dans les villes se rassemblent dans de grands ateliers, sont, s'il est possible, dans une plus grande dépendance des maîtres de manufactures. Là aussi ils sont engagés à l'année, à la pièce ou à la semaine; mais si les chefs de manufactures refusent de les recevoir chez eux, tout travail leur est impossible. D'ailleurs ils ne risquent pas, comme les agriculteurs, d'être congédiés seulement pour manque de respect

ou pour inconduite ; d'un jour à l'autre, ils
risquent d'être victimes, non seulement des revers, mais aussi des succès de l'art dans lequel
ils sont engagés. Si la manufacture est en décadence, si la mode ne demande plus ses produits, ils sont congédiés parce que leur maître
ne vend plus; si au contraire l'application des
sciences à leur art a enseigné à faire tout leur
ouvrage avec beaucoup moins de mains, ils
sont congédiés encore parce que leur maître
réserve pour lui seul tout le profit de ses ven-
tes : jamais pouvoir plus absolu n'a été donné
à l'homme sur l'homme, et jamais il n'a été
exercé plus durement. C'est de la vie ou de la
mort de milliers d'individus, hommes, femmes
et enfants, que le chef industriel décide dans
son comptoir, en additionnant des chiffres; et
il en décide sans colère comme sans compas-
sion, sans connaître ses victimes, sans les voir,
sans en savoir même le nombre. Son principal
agent lui apporte un compte figuré : « Votre
manufacture de glacés, lui dit-il, ou votre manufacture de porcelaine n'a plus d'écoulement;
mais vous pouvez destiner vos fourneaux à la
préparation des produits chimiques; avec une

avance d'un million, vous suffirez à la consommation de toute la France. —Comment donc,
à quoi monte la consommation de toute la
France ? — A tant. — Qui l'approvisionne aujourd'hui? — Telles et telles fabriques , dans
telles et telles provinces. — Ne poursuivront-
elles pas leur industrie? — Non, vous pourrez
vendre à 10 p. 100 meilleur marché que leur
prix de revient. —Que feront-elles donc? —
Elles succomberont. — Que feront leurs ouvriers? — Eux aussi. —Commencez l'ouvrage,
vous aurez le million. »

On ne saurait croire, en Europe, combien
ce tableau de ses prolétaires qui meurent de
misère faute de travail contraste avec la condition de l'esclavage dans nos colonies. Pour
l'esclave noir, *mourir de misère* est un non-sens;
il n'a point à s'occuper de ses nécessités personnelles ; il est élevé et nourri dans cette idée
qu'un autre que lui a charge perpétuelle de
ses besoins. Que les tarifs de la métropole rui-
nent l'industrie coloniale, que le colon soit atteint dans sa prospérité tout à la fois par les
exigences des habits verts, ou les coups de vent
qui détruisent sa récolte, le maître n'en est pas

moins soumis à ses obligations de logement, de nourriture, d'entretien, de médication envers l'esclave.

Autant l'existence aventureuse du prolétaire en Europe lui fait rechercher le travail avec ardeur, autant l'esclave noir, dont l'existence est toujours assurée, même en état d'oisiveté, fuit l'atelier colonial, et affecte des airs de maladie pour couvrir sa paresse. Aussi c'est une chose convenue dans les habitations qu'un noir n'est réellement malade que lorsqu'il a passé quelques jours à l'hôpital. Jusque-là sa maladie n'est que l'amour du *far niente*. Le maître, souvent même, pousse la politesse jusqu'à fermer les yeux, pour ne voir dans ce penchant à l'oisiveté qu'un besoin de se reposer.

Comparez la quantité et la perfection du travail en Europe et dans nos îles d'Amérique, vous arriverez à ce résultat que l'esclavage est une institution moins productive pour le maître que le travail libre. Aussi, à ne voir que le salaire généreux qui paie le travail chétif et imparfait de l'esclave noir, à ne considérer que son existence à l'abri du besoin et sans inquiétude aucune pour les jours de chômage et de maladie, on serait tenté de se faire l'apôtre de l'esclavage des noirs, par amour de l'humanité; on serait tenté de croire que la philanthropie, que l'amour des hommes, que la charité pour le pauvre, n'a déployé qu'une bannière perfide dans le camp des abolitionistes.

C'est surtout quand arrivent les jours de maladie que l'esclave se trouve dans une situation bien supérieure à celle du prolétaire en Europe. On ne saurait se faire une idée des dépenses qu'occasionnent aux colons les frais de médication, les visites médicales et les fournitures pharmaceutiques. Un colon me disait un jour : Un de mes noirs avait un abcès à la gorge ; je fis appeler un médecin ; huit jours suffirent pour dissiper son amygdalite. L'Esculape, qui, pour triompher de l'abcès, n'avait eu, comme César, qu'à venir et à voir, ne me demanda rien moins que deux mille francs de traitement. Ce noir, dont la guérison me coûtait deux mille francs, avait pour moi une valeur plus négative que positive, puisqu'il était, par son âge et ses infirmités, incapable de tout travail sérieux. «Mais, prenez mon noir, disais-je au docteur. — Non, certainement. » Inutile de vous dire que, s'il ne prit pas mon noir, il prit, du moins, mes deux mille francs.

Qu'on mette en parallèle avec des faits de cette nature le prolétaire, la presque totalité de notre nation qui, faute d'économie, ne peut user à temps et convenablement de la médecine à Paris et dans toutes les grandes villes de France, le tiers de la population meurt dans les hôpitaux, ou dans les maisons particulières, sans laisser seulement de quoi couvrir les frais d'un enterrement, c'est à dire sans laisser quinze francs de réserve. La médecine, qui ne s'offre pas gratuitement, est au dessus des ressources du prolétaire. De là des maux de tout genre ; des maladies légères deviennent graves et mortelles ; de là la cessation du travail; de là l'indigence et la mort.

Ce n'est nullement dans des vues hostiles à l'émancipation que nous avons démontré que la condition de l'esclave noir était sous le rapport matériel supérieure de beaucoup à celle du prolétaire en Europe. Nous avons déjà fait une profession de foi qui nous dispense ici de nous justifier de toute arrière-pensée. Nous

avons voulu seulement établir que le régime
des habitations est doux et progressif, et que
si quelque chose rend urgente et nécessaire
l'abolition de l'esclavage, ce n'est pas l'état intérieur des ateliers coloniaux, mais bien plutôt
l'opinion publique en Europe, les discussions
ardentes qu'elle provoque, et l'influence que
ces discussions exercent sur la situation morale
et économique de nos îles.

En présence de l'exemple que la Grande-
Bretagne vient de donner à l'Europe, on essaierait vainement d'étouffer la voix de l'opinion
publique. Quand les idées de liberté partent
d'une tribune aussi élevée, on ne peut plus ni
les oublier, ni les écarter ; l'opinion les rend
chaque jour plus pressantes et plus impérieuses.
Il arrive un jour que ce qui n'était que possible
devient inévitable ; les intérêts s'irritent, les
passions s'inquiètent. N'attendons pas le moment où les mesures dangereuses succèdent
aux mesures difficiles. Si la modération dans
une matière aussi grave est un signe de sagesse, l'indécision pourrait devenir plus qu'une
faute de gouvernement.

CHAPITRE VII.

Émancipation individuelle et progressive. — Améliorations légales depuis 1830.

Bien que les philanthropes aient multiplié leurs plans d'affranchissement à ce point qu'on croirait que leur entraînement pour le bien change de peau toutes les années, cependant il n'est pas douteux que, pour le plus grand nombre d'entre eux, l'enfant de prédilection ne soit le système d'émancipation immédiate et générale.

Ce système, nous l'avons déjà plus que jugé. Les prévisions de la prudence ont été contrôlées par les faits, et les faits ont dit que la prudence avait bien jugé. Ce système affectait de se produire comme le plus simple, et il était le plus compliqué ; comme le plus libéral, et il était le suicide de la liberté elle-même ; comme le moins aventureux, et il abandonnait tout au hasard et à la providence de l'avenir.

Un système d'émancipation générale et progressive aurait, il est vrai, l'avantage de mieux prendre son temps ; il serait certainement beaucoup plus simple, beaucoup moins aventureux, beaucoup plus réservé, mais il aurait aussi l'inconvénient d'être un lieu commun exploité depuis longtemps par les colonies ; à tort ou à raison, l'opinion publique verrait plutôt dans ce système d'émancipation un ajournement indéfini qu'une solution loyale et sérieuse du problème.

D'ailleurs, après avoir épuisé tous les moyens qu'impose la prudence pour préparer à l'émancipation les sociétés coloniales, comment arriverait-on à déterminer avec justesse ce degré de développement moral où finit l'esclavage et où commence la liberté ? Comment constater que le point atteint par quelques noirs est bien le niveau de la masse ? Les garanties générales, qui dans des sociétés aussi lointaines que nos colonies ouvrent des droits à la liberté, sont des valeurs moyennes que tous les géomètres du monde ne sauraient trop évaluer avec exactitude.

Il n'en est pas de même des garanties personnelles qu'impose la liberté ; elles laissent moins de prise au doute et à l'erreur. Quand la statistique individualise son attention, les habitudes d'ordre et de travail sont des éléments qui la conduisent avec plus de certitude à la preuve de l'avancement intellectuel et moral d'un individu. Non seulement il est plus facile de se tromper en fait de garanties générales, mais l'erreur y est aussi plus féconde en résultats déplorables. Une faute commise dans l'émancipation de tout un peuple peut provoquer des désastres inouïs. La même faute commise à l'égard de quelques individus n'entraîne pas de pareils inconvénients.

Tous les systèmes d'émancipation générale, quelque progressifs qu'ils soient au préalable, sacrifient autant les garanties générales que les garanties personnelles. Ils tiennent d'ailleurs de cette nature impatiente qui leur fait appeler la liberté pour tous et à heure dite. Une fois engagé dans la voie, on oublie les garanties voulues ; après avoir tout ébranlé, on sent qu'une conclusion telle quelle est préférable au provisoire qu'on a établi. Quand on veut abolir l'esclavage d'un seul coup, quelles que soient les précautions que l'on prenne, on n'en

arrive pas plus vite vers son but ; chaque heure
n'amène pas ses résultats, et pour vouloir pres-
crire l'esclavage du premier coup , on renonce
à ces succès de détail qui aident au courage et
consolent des anxiétés de l'attente.

Ces considérations nous conduisent à préfé-
rer un système d'affranchissement successif et
partiel. Nous savons au reste tous les griefs
qu'on a reprochés à ce système. On a dit que
ce serait une condamnation de l'esclavage
d'autant plus subversive de l'ordre et de la
sécurité , que cette condamnation serait offi-
cielle et légale. On s'est complu à exagérer cette
inquiétude incessante que provoquerait parmi
les esclaves une inondation perpétuelle de
nouveaux libres ; les espérances des uns n'al-
laient-elles pas donner carrière à des exigences
qu'on ne pourrait satisfaire ? les liens de l'o-
béissance n'allaient-ils pas se relâcher ? le
désordre et le chaos n'allaient-ils pas naître
d'une pareille révolution dans les idées, dans
les habitudes, dans les sentiments ?

A tout cela nous n'avons qu'une seule chose
à répondre, c'est que tous les systèmes d'émancipation sont plus ou moins compliqués d'une

défaveur jetée sur l'esclavage. De quelque manière qu'on entre dans la voie de l'émancipation, on n'en discrédite pas moins le principe qu'on veut supprimer; et c'est une justice à rendre au système que nous proposons qu'il discrédite le moins possible l'autorité des maîtres. En organisant les moyens légitimes d'arriver à la liberté, ce système n'a pas l'inconvénient de la marche suivie jusqu'à cette heure dans nos colonies. Avec leur système d'affranchissement volontaire, les colons n'accordent pas assez de liberté pour satisfaire tous les besoins, et ils n'accordent que trop d'affranchissements pour faire naître des désirs de changements. Notre système au contraire mesure les affranchissements au niveau des besoins de la population; en donnant à l'esclave des moyens raisonnables et légitimes pour conquérir la liberté, il lui interdit la révolte et la violence; on ne prend pas de force ce qu'on peut facilement obtenir par les voies légales.

Pour notre compte, nous ne saurions prendre au sérieux ce reproche fait à notre système de jeter du discrédit sur l'esclavage. Dans quel siècle vivons-nous donc? L'esclavage n'est-il

donc pas tombé aussi bas que possible ? Depuis
le jour où le génie de Montesquieu écrivit avec
son imagination de feu une condamnation de
l'esclavage qui fut traduite dans toutes les langues, l'esclavage n'a-t-il donc pas perdu toute
considération, et est-il si rare aujourd'hui de
rencontrer des publicistes qui écrivent sur l'esclavage ce que Canning disait de la traite,
qu'elle renfermait le plus de crimes possibles
dans le plus petit espace donné?

Ce n'est pas que les nègres soient à nos yeux
des lecteurs bien assidus de Montesquieu et de
ses disciples, mais l'écho, quoique lointain, des
îles, leur réfléchit toujours les bruits de liberté
qui s'agitent dans la métropole. Croyez-vous
donc que le bill d'émancipation et le canon
qui a retenti le premier août dans toutes les
colonies anglaises n'a pas excité, dans les noirs
de nos îles, l'amour de la liberté et le discrédit
de l'esclavage?

Loin de provoquer ce discrédit, notre système, en ouvrant des voies légales pour la liberté des noirs, paralyserait tous les mauvais
effets d'un désir trop impatient de liberté. Dis-
créditer l'esclavage, c'est suivre la méthode

des-affranchissements volontaires, c'est laisser
exclusivement aux caprices du maître la faculté
d'une manumission qui, au lieu d'être la récompense de l'ordre et du travail, n'est, le plus
souvent, que le salaire du libertinage ; discré-
diter l'esclavage, c'est appeler les noirs à la
liberté en masse et à heure dite, c'est leur
donner la liberté plutôt comme un droit que
comme un devoir ; le discrédit de l'esclavage
ne saurait être dans un système qui n'appelle
à la liberté que les noirs dont une enquête
préalable aura constaté la moralité, l'esprit
d'ordre, de travail, de famille ; dans un système qui, au lieu d'être pour le noir un encou-
ragement à la paresse, au vol, au vagabondage, devient au contraire la prime du travail,
de l'ordre et de la vertu.

Pour entrer dans ce système d'affranchissement d'une manière efficace, et dont la liberté
eût un jour à s'applaudir, il importerait,
d'abord, que le gouvernement ne rendît pas
illusoire dans ses mains le pouvoir que lui
attribue la loi organique du 24 avril 1833,
*d'introduire des améliorations dans les conditions
des personnes non libres en respectant les droits*

acquis. Il serait d'autant plus à désirer que ce pouvoir fût efficacement employé par le gouvernement, que nos chambres menacent déjà de reprendre et d'exercer pour le compte de la loi un droit qui n'a été délégué à l'ordonnance que pour échapper au désordre d'une liberté qui prendrait naissance au milieu des orages de nos assemblées politiques. La liberté, pour naître viable, a besoin de calme et de paix; et c'est peut-être là le motif qui a fait expressément limiter les pouvoirs des conseils coloniaux, où n'a pas voulu surtout leur attribuer cette latitude de pouvoirs des assemblées des îles anglaises, origine et cause de tant d'orageux débats entre elles et la Grande-Bretagne.

Pour bien apprécier la tâche qui, dans l'état actuel des choses, appartient à l'ordonnance, fixons bien d'abord notre point de départ; et voyons ce que le gouvernement a fait depuis 1830 pour modifier le régime colonial en ce qui concerne l'esclavage.

On n'a pas sans doute encore oublié toutes ces voix unanimes qui s'élevaient des habitations pour maudire l'abolition de la traite; dans l'acte législatif du 15 avril 1818, on ne voyait rien moins qu'un monstre qui portait dans ses flancs la mort aussi prochaine que certaine de toutes nos colonies. Aussi, pendant les neuf années qui suivirent cet acte législatif, la prohibition de la traite fut presque illusoire; et même après la loi du 25 avril 1827, dont la puissance se réduisit à rendre plus périlleux un commerce que la métropole voulait anéantir, la population noire de nos îles ne laissa pas que d'être encore recrutée par cet odieux trafic. Des autorités qu'on ne saurait suspecter portent jusqu'au cinquième de la population esclave l'importation clandestine des noirs provenant de cette contrebande homicide.

La loi du 4 mars 1831, et l'article 2 de la loi organique de 1833, en réservant au gouvernement le droit de statuer sur la matière, ont mis fin à un trafic trop longtemps toléré, épargné ou ménagé. Les effets bienfaisants de cette extinction se font surtout sentir depuis six ans. Le colon ne peut plus compter sur la traite, cette violation de la loi et de l'humanité, pour remplacer le noir dans ses ateliers. Au dire même des colons, l'abolition de la traite, qu'ils maudissaient avec tant d'ardeur, s'est transfor-

mée en un principe d'économie domestique.
L'amélioration des esclaves n'est plus paralysée
par un continuel débordement d'Africains barbares. Ce n'est plus seulement par humanité,
mais par instinct, que les maîtres sont excités à
entretenir les forces et la santé des noirs, à seconder par des unions régulières la reproduction d'une race dont la traite ne saurait plus
être le grenier d'abondance.

Comme complément de la suppression réelle
et définitive de la traite, le gouvernement a
rendu moins illusoire le recensement exact de
la population coloniale. Sous la restauration,
alors que nos colonies s'étaient résignées de
fort mauvaise grace à l'abolition de la traite, le
dénombrement des noirs se faisait mal. Dans
nos colonies, comme dans plusieurs colonies
de la Grande-Bretagne, les planteurs voyaient
dans les recensements un commencement de
registre d'état civil pour l'esclave; et cette
manière même d'état civil paraissait incompa-
tible aux yeux des colons avec l'institution de
l'esclavage.

L'ordonnance du 4 août 1833, qui impose
aux planteurs la remise annuelle d'états de re-

censement de leurs esclaves, en même temps qu'elle prescrit aux maîtres de déclarer, dans un délai déterminé, les naissances, mariages et décès qui ont lieu dans leur habitation, n'a causé d'abord quelques alarmes qu'à la Guadeloupe et à la Guiane ; bien que depuis 1836 cette ordonnance soit assez généralement exécutée, cependant on pourrait la faire mieux observer ; et, à la Guadeloupe surtout, les tribunaux n'ont pas montré assez de zèle pour réprimer les contraventions. Nous ne saurions trop exhorter le gouvernement à tenir la main à l'exécution la plus rigoureuse du réglement actuel. Il n'existe nulle raison de contester à l'administration le droit d'acquérir les éléments statistiques du mouvement de la population coloniale. Cet exercice de la puissance publique est une faculté contre laquelle les colons opposeraient d'impuissantes barrières. Toutes ces mesures de recensements sont, au reste, des données indispensables, soit pour paralyser les effets d'une traite de contrebande, soit pour déterminer ultérieurement le chiffre de l'indemnité préalable à attribuer aux propriétaires dépouillés de leurs droits sur les esclaves pour cause d'utilité publique.

Il ne suffisait pas de l'ordonnance sur les recensements pour écarter la confusion qui jusqu'alors n'avait cessé de régner dans la population coloniale. Depuis longtemps, le code noir avait promis aux affranchis la condition des citoyens libres. Cette promesse n'était jamais devenue une réalité. La loi déclarait les affranchis hommes libres, et des réglements locaux, dont l'opinion et les préjugés exagéraient la portée, tendaient à perpétuer des distinctions futiles ou blessantes. La loi du 24 avril 1833 a fait justice de toutes ces distinctions d'origine, et le niveau de l'égalité civile a passé sur la tête des affranchis et des libres. Par cette mesure législative, les hommes de couleur ont été séparés davantage des noirs non affranchis; la liberté est devenue la sœur de l'égalité civile.

Indépendamment des affranchis, il existait encore des affranchis de fait, qui formaient une classe assez nombreuse, et dont la situation était indécise. Ces affranchis devaient leur position douteuse et précaire aux entraves que l'ancienne législation avait apportées aux affranchissements. Les ordonnances des 24 octobre 1743 et 15 juin 1736, tout en refusant de sanctionner la manumission, ne pouvaient cependant pas empêcher le maître de se désister de son droit. Ces affranchis par désistement, ces affranchis de fait s'appelaient, aux Antilles, *patronés* ou *libres des savannes*, et à l'île Bourbon *cartes blanches*. L'ordonnance du 12 juillet 1832 a définitivement régularisé leurs droits à la liberté.

Cette même ordonnance, ainsi que celle du 1er mars 1831, facilitèrent les affranchissements volontaires, en ne faisant plus pour le maître une obligation des formalités, des taxes et de l'autorisation administrative que lui imposaient des réglements postérieurs au code noir. En matière d'affranchissement, le libre arbitre fut attribué au maitre ; et si l'autorité fut appelée à intervenir, ce ne fut plus que pour donner à l'opération une forme régulière et authentique. Les autorités locales ne se sont montrées que trop dociles à l'esprit de ces ordonnances, en n'apportant aucune entrave aux manumissions. On pourrait certainement les blâmer de n'avoir pas assez exigé la preuve des moyens de subsistance, comme condition de l'affranchissement. Cette négligence de l'autorité a gravement compromis l'avenir de l'émancipation. Les noirs affranchis par la faiblesse ou le caprice du maître ont offert le spectacle de la paresse, de la misère et du vagabondage. Si on avait eu l'intention d'avilir la liberté, on n'aurait certainement pas pu mieux faire que de montrer ces ilotes dans l'ivresse. La nouvelle législation sur les affranchissements n'a peutêtre pas assez exigé de garanties. Le gouvernement semble déjà vouloir revenir sur l'ordonnance du 12 juillet 1832 ; il a déjà été question de plusieurs projets d'ordonnance. Dans tous ces projets, on se proposait de restreindre le libre arbitre du maître par le contrôle des autorités locales. Il serait à désirer que l'administration reprît tous ces projets d'amélioration, et qu'elle n'abandonnât pas surtout la formation du pécule et le droit pour l'esclave de se racheter à prix d'argent.

Ces deux mesures, conseillées à l'administration par tous les procureurs-généraux des colonies, avaient été transformées en deux projets d'ordonnance qui furent communiqués au comité des délégués et aux conseils coloniaux.

Dans le sein de ces deux conseils, ces projets d'ordonnance ont été envisagés comme un débordement de l'autorité royale sur le domaine du décret colonial. L'ordonnance royale, disait-on, ne peut statuer sur les améliorations à introduire dans la condition des personnes non libres qu'*en respectant les droits acquis.* Or, c'est toucher aux droits acquis que d'atteindre le droit illimité du maître sur tout ce que peut avoir l'esclave; c'est toucher aux droits acquis que de porter atteinte à la liberté absolue dont jouit le maître d'accorder ou de refuser l'affranchissement.

D'abord, la faculté de rachat n'est pas une violation des droits acquis, puisque le maître, dépouillé de son droit sur l'esclave, est préalablement indemnisé. La propriété, en France, est certainement un droit acquis, et pourtant le propriétaire peut être dépossédé de son droit pour cause d'utilité publique, et moyennant indemnité préalable; et quant au pécule, alors même qu'on pourrait voir un droit acquis dans des avantages que font au maître les dispositions incohérentes et compliquées de la législation coloniale, il n'en est pas moins vrai que le

droit acquis peut résulter tout aussi bien de
l'usage, du consentement tacite que de la loi
écrite. Or, en fait, l'esclave jouit de son pécule,
et il serait téméraire au maître d'y porter atteinte ; en fait, l'esclave jouit de la faculté de
rachat. N'y a-t-il donc pas là, dans cet usage
des habitations, dans ce consentement tacite
du maître, un droit acquis à l'esclave. D'ailleurs, en bonne guerre, comment refuser la liberté au captif qui paie sa rançon ? et n'ou-
bliez pas ici que l'esclave noir n'aurait jamais
dû perdre sa liberté; que l'esclavage est une
propriété très malheureuse.

Vous alléguez des inconvénients qui ne sont
que chimériques quand vous dites que la
double faculté du pécule et du rachat forcé en-
couragerait l'esclave au vol pour se libérer
plus promptement. N'est-il donc pas possible
d'interdire le droit de rachat à l'esclave repris
de justice? Et l'administration a-t-elle jamais
voulu que le pécule et le rachat fussent des
droits si absolus pour l'esclave, que même
l'exercice de ces droits ne fût pas contrôlé par
le gouverneur? Rien n'empêche d'entourer
de formalités rassurantes la faculté du rachat.

Il n'est aucun motif raisonnable contre ce mode d'affranchissement qui porte avec lui ses garanties d'ordre, de travail, d'économie, de prévoyance. C'est tout à la fois une émancipation individuelle et un moyen d'amélioration morale; c'est une barrière contre les affranchissements volontaires qui, provoqués par le libertinage et la faiblesse, donnent à la liberté des enfants qui la dégradent; c'est la récompense de l'ordre et de l'épargne, du travail et de la prévoyance. C'est une de ces réformes qui ont d'autant plus d'avenir qu'elles marchent avec plus de réserve et de circonspection. Entrez dans la voie de ces demi-mesures intelligentes; vous ne pouvez plus vous arrêter en chemin; il vous faut fournir la carrière jusqu'au bout.

Nous ne ferons pas un blâme à l'administration d'avoir soumis les projets de pécule et de rachat aux lumières et à l'expérience des conseils coloniaux; car, dès qu'il s'agit d'amélioration à introduire dans la condition des esclaves, on ne saurait trop s'entourer de leur assentiment et de leur concours. Il importe avant tout que les colons paraissent être plutôt les dispensateurs de la liberté que les ennemis du bien-être moral des esclaves. L'idée de la violence faite au maître deviendrait pour l'esclave libre la source de profondes inimitiés. Ce serait bien assez déjà des éléments de discorde qui peuvent exister, sans que la résistance des maîtres vienne encore envenimer les haines et ajouter à la confusion des choses.

Cependant, quelque sage qu'ait été jusqu'à présent la réserve de l'administration, on pourrait lui reprocher d'avoir trop médité, trop consulté. Si les conseils coloniaux suivaient toujours un système de résistance si peu mesuré dans ses moyens, ce serait pour l'administration un devoir de ne prendre conseil que de sa sagesse. Elle a assez fait preuve de bonnes intentions ; le temps d'agir est venu.

Il est surtout des mesures que le gouvernement pourrait immédiatement adopter ou provoquer ; telle que la promulgation d'un nouveau code de l'esclavage, sur les bases déjà adoptées par une commission nommée *ad hoc* par le ministère. Convertir en obligations les octrois faits à l'esclave par des réglements ou des usages locaux ; attribuer au ministère public une surveillance

sur la tenue des habitations, modérer les peines
de discipline , en régulariser l'application en
imposant au maître l'obligation d'un journal
où seraient inscrites les condamnations encou-
rues par l'esclave ; telles étaient les bases de ce
nouveau plan de législation. A part certaines
dispositions qui transformaient le colon en pré-
dicateur des idées chrétiennes, et le gouverneur
en docteur ès-sciences théologiques , ce plan
renfermait des germes d'améliorations impor-
tantes sur lesquels il serait urgent de revenir
aujourd'hui. Avec quelques modifications , ce
code serait une mesure aussi propre à adoucir
l'esclavage qu'à contenir la liberté.

On ne saurait surtout revenir avec trop
d'empressement à ce droit de surveillance sur
les habitations dont le projet investissait le
ministère public. Peut-être même qu'il vaudrait
encore mieux créer, comme dans les colonies
anglaises, des charges spéciales de protecteurs
de l'esclavage. Ces manières d'inspecteurs généraux ont pour mission de surveiller le traitement physique et moral des esclaves, de recevoir leurs griefs, de faire rendre bonne et loyale
justice à leurs doléances légitimes. Ces protec-

teurs de l'esclavage pourraient être une utile amélioration dans nos colonies; mais encore, avant de créer une telle magistrature, il serait prudent de ne pas tout confondre; les circonstances locales, les mœurs de nos colonies, si différentes des mœurs des colonies anglaises, ne nous permettraient peut-être pas d'adopter, dans toute sa plénitude du moins, une pareille mesure. Pour éviter tout conflit entre les droits et les devoirs de l'esclave, on aurait à régler les attributions de l'inspecteur général de manière à ce que, contrôlées tout à la fois tant par le gouverneur que par les assemblées coloniales, l'inspecteur général fût plutôt un protecteur qu'un tribun des esclaves noirs.

La création d'une pareille magistrature imposerait peut-être silence aux philanthropes exagérés. Le système de calomnies qu'ils n'ont cessé de suivre perdrait au moins beaucoup de sa valeur et de son importance. Ce serait d'ailleurs un acheminement vers un système d'émancipation partielle. Les inspecteurs généraux deviendraient des membres influents du jury local appelé à répartir la liberté comme la prime de l'ordre, du travail, de la prévoyance.

Ce serait sur leur rapport que le jury spécial serait appelé à vérifier les droits de l'esclave à l'affranchissement. On comprend que pour une mission aussi difficile que délicate, il importerait de choisir des citoyens modérés et impartiaux dans leurs vues d'émancipation. Les gens à systèmes, les philanthropes à vues ardentes seraient des brouillons trop dangereux pour qu'on pût les revêtir d'une mission de paix et de bonnes relations.

Si une grande réserve n'était apportée dans le choix de ces inspecteurs généraux, il serait à craindre que ces magistratures ne devinssent des éléments de discorde et de désorganisation. Déjà ces charges par leur nature de surveillance, par leur droit d'inspection sur les habitations, n'indisposent que trop les planteurs de nos colonies, sans qu'il faille encore ajouter au droit de voir et d'inspecter, l'inconvénient d'une inspection qui, si elle était confiée à des citoyens impatients de réformes, deviendrait tracassière et inquisitoriale.

En réservant aux conseils coloniaux un droit de contrôle, sinon sur le choix, au moins sur les attributions de ces inspecteurs généraux, on recueillerait tous les avantages de cette charge, sans en avoir les inconvénients. Aux yeux de l'esclave, l'inspecteur général ne serait pas un propagateur de l'émancipation, mais un magistrat intègre répartissant une justice équitable entre les droits et les devoirs de l'esclave, entre les droits et les devoirs du maître.

Si trop souvent les conseils coloniaux ont fait preuve d'une résistance trop animée, et trop peu mesurée dans l'expression, dès qu'il s'est agi de réformes qui semblaient porter atteinte aux droits du maître, il est cependant juste de dire que ces mêmes conseils se sont montrés très favorables à tous les projets d'instruction religieuse et d'enseignement primaire. Il n'y a certainement pas de leur faute si le gouvernement n'a pas su tirer meilleur parti de leurs dispositions. Ici un blâme sévère doit peser sur l'administration qui, sous ce rapport, n'a trouvé rien de mieux à faire que d'envoyer à la Guadeloupe, en octobre 1837, cinq frères ignorantins des écoles chrétiennes de Ploërmel. Il est vrai qu'il a suffi de douze pauvres pêcheurs pour convertir le monde à la civilisation chrétienne; mais aussi on nous assure que ces douze pêcheurs avaient le don des langues et possédaient la puissance de faire des prodiges. Malheureusement ce temps des miracles est passé, et le gouvernement ne doit pas compter sur l'intervention de douze demi-dieux pour le tirer de peine. Il faut qu'il compte un peu plus sur les moyens positifs et beaucoup moins sur les dénouements extraordinaires. Il n'y a pas, au reste, de grands efforts à faire; il suffit de vouloir pour pouvoir. Il n'y a peut-être qu'à s'entendre; le clergé ne demande pas mieux qu'à convertir des ames; et les philan-thropes ne sauraient que s'applaudir de voir s'or-ganiser des croisades religieuses pour appeler le noir au progrès et à la liberté. Religion! humanité! quand vous marcherez sous la même bannière, les natures les plus ingrates fructi-fieront au soleil du progrès; l'homme des bois aura fait place à l'homme de la liberté et de là civilisation.

CHAPITRE VIII.

L'Indemnité préalable.

Nous avons en France une si complète ignorance du régime colonial, de ses motifs, de ses rapports avec l'agriculture locale des colonies, que ce qui paraît nous arrêter dans la voie de l'émancipation, ce n'est pas la nature ingrate du nègre, son apathie, son éloignement pour le travail, sa résistance à notre civilisation ; ce qui est pour nous la difficulté sérieuse, le nœud gordien de la question, c'est l'indemnité préalable, que sont en droit de réclamer les propriétaires dépossédés de leurs droits sur les esclaves pour cause d'utilité publique.

Ce droit des propriétaires dépossédés à une indemnité préalable ne fait pas question. Les articles 8 et 9 de la Charte de 1830 consacrent d'une manière claire et explicite l'inviolabilité de toute propriété, et l'indemnité préalable en cas d'expropriation pour cause d'utilité publique. Ces articles ne s'appliquent pas seulement aux propriétés immobilières ; sous la dénomination générale de propriété, ces articles désignent la propriété tant immobilière que mobilière.

Nous n'ignorons pourtant pas que le Trésor, dans une circonstance encore récente, a essayé de faire prévaloir une doctrine nouvelle sur le sens à donner aux articles 8 et 9 de la Charte. D'après cette doctrine les garanties consacrées par ces deux articles ne seraient légitimement acquises qu'aux propriétaires d'immeubles ; c'est ce système de défense qui a été suivi par le Trésor, à l'occasion de l'indemnité préalable réclamée par l'inventeur de la poudre de tabac, qui revendiquait une indemnité pour les machines, les ustensiles dont l'usage lui était interdit par la régie des tabacs. C'est ici, comme on le voit, la question de savoir si l'expropriation mobilière pour cause d'utilité publique pouvait ouvrir des droits à une indemnité préalable. Il est évident que la Charte, dans son esprit comme dans sa rédaction, consacre des garanties pleines et entières pour tous les droits acquis. Aussi, qu'on envisage dans le droit des planteurs sur leurs esclaves un droit de propriété immobilière ou mobilière, ils n'en ont pas moins droit à une indemnité préalable, dès qu'ils sont expropriés pour cause d'utilité publique. Les colons sont propriétaires de bonne foi; leurs droits ont été acquis sous les auspices de la métropole qui a nous ne disons pas toléré l'exercice de ces droits, mais qui a excité les planteurs à se faire acquéreurs d'esclaves dans l'intérêt de la culture coloniale, de son commerce maritime, de sa marine, de ses industries, de son trésor.

A quel titre la métropole, en détruisant une œuvre qui fut la sienne, serait-elle admise à rendre les colons victimes de leur bonne foi? Dira-t-on que nous faisons aux planteurs une position trop belle et qu'on ne saurait invoquer à leur égard le droit commun de la Charte? N'y a-t-il pas au contraire dans cette Charte un certain article 64 qui dispose ainsi : Les colonies sont régies par des lois particulières? Quoi ! vous invoquez la Charte dont le principe est l'égalité civile, et vous venez vous présenter devant cette Charte avec un cortége d'esclaves !

Pour écarter tout ce qu'il peut y avoir de spécieux dans un pareil argument, il suffit de s'arrêter un instant aux motifs qui inspirèrent la disposition de l'article 64. L'éloignement des colonies, leur position tout exceptionnelle exigeaient un code spécial, un code qui devait être différent de notre code civil; voilà tout le sens, voilà toute la portée de l'article 64. La Charte n'a pas voulu et n'a pas pu, au reste, dépouiller les colons des garanties inhérentes au droit de propriété. Ces garanties, les colons sont en droit de les réclamer, non pas tant parce qu'elles sont consacrées par la Charte que parce qu'elles sont antérieures à toutes les chartes, à toutes les constitutions. De tous les droits, le droit le plus sacré, le plus inviolable, est celui de la propriété. Là où la sécurité manque au propriétaire, là vous trouverez une culture languissante, une industrie dans l'in-action; l'ordre et le travail feront place à la rapine et au brigandage. Pourquoi le cultiva-teur labourerait-il un sol dont il ne doit pas recueillir les produits? Si la propriété n'est plus un principe inviolable, si la société elle-même porte une main spoliatrice sur les droits acquis, l'ordre social est ébranlé, l'alarme est partout, la méfiance succède à la bonne foi; les échanges ne se font plus qu'avec timidité; la foi punique triomphe, car un exemple funeste a été donné à tous.

Si, en décrétant son bill d'émancipation, la Grande-Bretagne a reculé devant quelques unes de ses conséquences; si elle n'a pas doublé les garnisons, augmenté les forces navales et préparé tous les moyens de coërcition et de répression contre la paresse, le vagabondage, les débordements et les crimes des noirs émancipés, elle a du moins voté un demi-milliard pour indemniser les planteurs de leur dépossession.

Après cet exemple solennel de justice et d'équité, on comprend que la philanthropie aurait eu mauvaise grace à venir contester le droit qu'ont nos planteurs à une indemnité préalable. Aussi les philanthropes se sont empressés de proclamer le principe de l'indemnité. Ne pouvant attaquer ce principe en face et de front, ils ont laissé la ligne droite pour essayer si la courbe n'était pas le chemin le plus court. Ils n'ont pas craint de dégrader la majesté du législateur en le transformant en complice de combinaisons honteuses, de déceptions coupables.

Certes, personne plus que nous n'est porté à rendre hommage au noble caractère de M. Passy. Cet honorable député poursuit l'abolition de l'esclavage avec une persévérance et des convictions qui honorent sa probité politique. Nous croirions faire injure à ce philanthrope honnête, consciencieux, si nous lui supposions le dessein d'arriver à la liberté des noirs par des moyens qui seraient incompatibles avec la bonne foi.

Et pourtant la proposition de M. Passy sur les enfants à naître des esclaves, sous ombre de décréter une indemnité préalable, ne décréterait rien moins qu'une combinaison déloyale pour dépouiller sans indemnité les propriétaires de leurs droits. Nous gémissons que M. Passy ait prêté son nom et son autorité d'homme grave à une proposition dont sa probité nous fait un devoir de ne pas le reconnaître l'auteur. Si l'entraînement pour faire le bien a séduit le cœur de M. Passy, c'est pour nous un devoir de séparer le citoyen honnête d'une proposition qui n'a d'autre base que la foi punique.

Au premier abord, cette proposition parais-

sait très inoffensive; elle demandait la liberté
pour les enfants à naître de parents esclaves;
ces enfants auraient été confiés aux soins de
leurs mères, et pendant dix années consécutives
les propriétaires dépossédés de leurs droits auraient reçu une indemnité de 50 francs par
tête d'enfant; si l'enfant décédait avant l'âge
de dix ans accomplis, l'indemnité cessait par le
fait même du décès. Quant aux esclaves qui
rachèteraient leur liberté, l'indemnité préalable
devait être fixée par des arbitres que l'autorité
métropolitaine aurait institués.

Si c'était ici le lieu d'envisager cette proposition au point de vue des considérations morales, nous dirions que c'est une bien étrange
idée de faire élever des enfants libres par des
parents esclaves, alors que ces parents sont
étrangers aux idées d'ordre, de probité, de travail, de famille. Ce qui manque surtout à l'esclave, ce sont les mœurs de la famille; un
amalgame bizarre et anormal qui donne à
l'esclavage l'empire sur la liberté, et à la liberté
le droit de mépriser l'esclavage, est une bien
pitoyable méthode pour inspirer aux enfants la
piété filiale, et aux parents l'amour et la ten-

dressé pour leurs enfants. Vous faites-vous l'idée d'une famille dans laquelle les enfants seraient libres ou esclaves, selon qu'ils seraient nés avant ou depuis la promulgation de la loi, et dans laquelle les parents, les chefs de cette famille, ne laisseraient pas que d'être esclaves, en dépit de leur souveraineté domestique ? Est-ce donc un moyen de faire goûter à l'esclave noir des idées de famille, que d'organiser ainsi le foyer domestique avec des éléments de dissolution ? Votre imprévoyance a été telle que vous n'avez seulement pas songé à régler dans la société civile les rapports des nouveaux affranchis. Dans quelles mains déposerez-vous la tutelle et l'administration des biens de ces nouveaux mineurs ? Leurs auteurs, qui ne peuvent pas se représenter eux-mêmes, auraient-ils le droit de les représenter devant la loi, de gérer les biens de ces mineurs, de consentir ou de s'opposer à leur mariage ? Mais alors vous donnez accès à l'esclave dans la vie civile, vous vous trouvez en présence de la nécessité de refaire toute la législation civile et criminelle.

Si de pareilles considérations morales sont dignes de fixer notre attention, les considéra-

tions financières ont aussi leur importance ,
et, sous ce rapport, la proposition de M. Passy
nous révèle les intentions secrètes des philanthropes sur la question de l'indemnité préalable.
On a dit des sacrificateurs anciens qu'ils couvraient de fleurs et de bandelettes les victimes
qu'ils allaient immoler ; les philanthropes traitent l'indemnité préalable avec ces honneurs
perfides que les sacrificateurs rendaient à leurs
victimes. Ne parlez pas aux philanthropes de
violer le principe de l'indemnité , ils seraient
les premiers à vous dire que l'indemnité préalable est pour le pays une question d'honneur
et de délicatesse, mais arrachez la philanthropie
à ses beaux mouvements d'éloquence sur l'indemnité , pour ne voir les philanthropes que
dans leurs actes et leurs combinaisons financières , le revers de la médaille vous offre un
bien autre aspect. Ils demandent 50 fr. par an
pendant dix ans pour indemniser les planteurs
de leur droit sur les enfants à naître, alors que
les calculs les plus modérés portent à 120 fr.
par an les dépenses des colons pour la nourriture et l'entretien des esclaves qui naissent dans
leurs habitations ; alors que dans ces calculs

n'entrent pour rien les menus frais que prodiguent les maîtres aux enfants esclaves; alors que les mères demeurant chargées pendant dix ans des soins de leurs enfants, ces soins seront pour elles, pour leur penchant à la paresse, pour leur mauvaise volonté, un prétexte spécieux de se refuser à toute corvée, à tout travail; alors que ces six mille négresses qui auront joui pendant dix ans d'une liberté de fait auront presque perdu le goût du travail, presque oublié leur condition d'esclaves.

N'est-ce pas une amère dérision, une violation manifeste du droit de propriété, que cette ombre d'indemnité préalable, qui non seulement n'indemniserait pas le propriétaire de la dépossession de son droit, mais ne lui laisserait même pas les moyens de couvrir ses dépenses, en recevant d'une main ce qu'il donnerait de l'autre?

Ce n'est pas tout encore, et pour couronner une pareille déception, une telle œuvre d'iniquité, la faculté de rachat serait acquise à l'esclave moyennant une indemnité que fixeraient des arbitres institués par la métropole. Ainsi c'est un parti pris d'avance d'arracher les co-

lons au droit commun; seul de tous les propriétaires français, le colon ne pourra ni nom--
mer lui-même un arbitre pour régler le prix, ni
débattre lui-même ou par les siens les conditions du marché. Droit exceptionnel qui met
les colons hors la loi, qui attribue à l'autorité métropolitaine le droit de disposer malgré
eux et sans eux de leur propriété.

Non, les idées de droit et de justice ne sauraient s'effacer à ce point dans un pays où la
bonne foi trouverait un refuge si elle était
bannie du reste de la terre. Alors même que
l'esclavage serait envisagé au point de vue
d'une propriété qui fait injure à notre liberté
et à nos institutions, le respect du juste et du
droit nous obligera toujours à dire avec un
orateur aussi haut placé par les qualités du
cœur que par le prestige du talent : « Cette
» indemnité est un droit sacré comme celui de
» l'esclave lui-même; jusqu'ici l'état a laissé
» violer le droit de l'esclave en garantissant la
» possession de l'homme par l'homme; il ne
» peut pas, il ne doit pas le restaurer en vio-
» lant un droit de propriété qu'il a autorisé et
» encouragé. Les deux devoirs sont également

» sacrés. On ne répare pas une iniquité par
» une iniquité ; on ne dépouille pas pour res-
» tituer. »

Quel que soit le système de solution auquel
on s'arrête dans le problème de l'émancipation,
on ne saurait décréter l'affranchissement sans
en subir toutes les conséquences. Il importe de
rassurer dès à présent les propriétaires de nos
colonies en plaçant tous leurs droits acquis
sous la sauvegarde de la nation. En déclarant
dette nationale l'indemnité préalable due aux
propriétaires dépossédés, on rencontrerait dans
les colons un concours plus loyal et plus empressé pour toutes les mesures d'affranchissement que décréterait la métropole. La plupart
des colons ne se montrent si hostiles à des demi-
mesures qu'on ne peut adopter sans aller jusqu'au bout, que parce que leur propriété
semble méconnue et qu'on fait mine de les dépouiller insensiblement de tous leurs droits par
des combinaisons financières, des déceptions législatives qui feraient une loi morte de l'indemnité préalable.

Il importerait d'autant plus de rassurer les
colons, qu'il existe dans notre histoire colo-

niale un précédent qui semblerait justifier les appréhensions des colonies. Nous voulons parler de l'indemnité que les anciens colons de Saint-Domingue n'ont jamais vue figurer que dans des projets d'arrangement ou dans des traités encore inexécutés.

Il n'est pas hors de notre sujet de parler ici d'une question de finance qui, après tant d'arrangements et de chiffres débattus, n'a pas encore obtenu une solution définitive.

Il est vrai de dire que dans le dernier traité du 12 février 1838, les Haïtiens ne se sont pas montrés aussi superbes qu'en 1830; leur président ne disait plus avec insolence à M. de Mollien : « Envoyez-nous votre armée de 500 » mille hommes, et votre million de garde » nationale; nous les enterrerons à côté de » l'armée de Leclerc. » Haïti se bornait à demander qu'on examinât un nouvel exposé de ses ressources. La république noire avait les meilleures intentions d'indemniser les anciens colons; mais ses coffres étaient vides; la malheureuse Haïti ne pouvait rien, si on ne cessait de la menacer, si on ne lui permettait de réduire son armée de 40 mille hommes.

Il était pourtant assez étrange qu'Haïti n'eût d'autre moyen d'acquitter sa dette que la réduction de son armée, lorsqu'en 1825 cette république indiquait encore, comme moyens de ressources, d'abord un excédant annuel des recettes sur les dépenses de 4 millions, puis un fonds de réserve de 75 millions provenant du trésor de l'ancien roi Christophe, puis encore les propriétés des anciens colons, évaluées dans leur état actuel à 150 millions.

Et remarquez bien que nous prenons dans cet exposé des ressources les chiffres fournis par les Haïtiens eux-mêmes, ces chiffres sont bien au dessous de la vérité; ce n'était pas à 75 millions, mais bien à plus de 150 millions que s'élevait le trésor confisqué après la mort de Christophe. Si l'excédant des recettes sur les dépenses était exactement évalué, en était-il bien de même de l'évaluation attribuée aux propriétés des anciens colons?

La république possède ces propriétés. Ces *domaines nationaux* loués ou affermés rapportent, au dire des Haïtiens eux-mêmes, un revenu annuel de 30 millions. Nous ne voulons pas contester ce chiffre; mais on a réduit

15 millions pour frais de culture. Cette déduction est d'autant plus exagérée que les nègres ne cultivent presque rien. Libres de travailler ou de rester oisifs, ils retombent vite dans ce qui formait leurs délices en Guinée; au dire d'Hannon et de tous les voyageurs modernes, ils dorment le jour et dansent la nuit. C'est à peine s'ils cultivent quelques coins de terre pour se procurer un peu de vivres.

La réduction de 15 millions pour frais de culture était énorme, surtout en 1825, que le café était la principale production de la république. Les nègres récoltaient sur les caféières établies par les blancs. Or, on n'ignore pas que les caféières une fois en rapport, les frais de culture se réduisent presque à rien. Au lieu d'une déduction de moitié sur le revenu annuel, la déduction eût été encore assez raisonnable, ne l'eût-on portée qu'au quart de ce revenu.

Mais la restauration voulut en finir avec la mauvaise foi d'Haïti. Les chiffres de la république furent acceptés comme authentiques, on évalua les propriétés sur dix années de revenu. Le revenu annuel, déduction faite des

15 millions pour frais de culture, étant de 15 millions, l'évaluation actuelle des propriétés des anciens colons fut portée à 150 millions. C'est sur cette base que, dans le traité de 1825, fut calculé le montant de l'indemnité.

Il semblait qu'Haïti allait désormais s'exécuter de bonne grace, et qu'il ne serait plus besoin de recourir à des négociations toujours rompues et toujours recommencées. Il n'en fut rien. La mauvaise foi d'Haïti tira grand profit de la chute du ministère Villèle. Les Haïtiens assiégèrent le nouveau pouvoir de leurs doléances.

Dans leurs pétitions et leurs suppliques, ils se produisaient comme de pauvres gens qui s'étaient engagés bien au delà de leurs ressources ; ils demandaient qu'il leur fût permis d'exposer de nouveau leur situation financière. Il ne fallait pas surtout leur parler de réduire le chiffre de l'indemnité ; l'honneur, la délicatesse, leur faisaient un devoir de respecter ce chiffre. Seulement ils suppliaient qu'on ait la condescendance de leur accorder un plus long terme. Ils s'engageaient à payer annuellement 6 millions 500 mille fr. ainsi répartis : 1° 3 millions

600 mille fr. pour l'intérêt à 3 pour cent des
120 millions qu'ils restaient devoir ; 2° un million 200 mille fr. pour l'amortissement de cette
dette ; 3° un million 500 mille fr. pour le service de l'intérêt et l'amortissement de l'emprunt.

Ces conditions servirent de base à un nouveau traité, dans lequel le ministère Martignac
eut l'inconcevable faiblesse de renoncer au demi-
droit stipulé en faveur du commerce français
dans le traité de 1825. Le traité de 1829 avait
accordé aux Haïtiens tout ce qu'ils avaient demandé ; ils n'exécutèrent pas plus ce traité que
celui de 1825. Nous nous trompons ; une clause
fut religieusement exécutée, et si le président
Boyer refusa de payer les 6 millions 500 mille fr.,
il est juste de dire qu'il s'empressa de supprimer
le *demi-droit*, et de soumettre les bâtiments français aux mêmes droits que les bâtiments étrangers.

Depuis 1830 la république d'Haïti a prodi-
gieusement multiplié les exposés de ses ressources. D'abord elle n'a pu payer que 4 millions
par an pendant quarante ans ; bientôt elle est
revenue sur cette évaluation trop exagérée, pour
la réduire à 3 millions par an.

Dans le dernier traité, la république a trouvé le moyen de se faire si pauvre, qu'on a consenti à réduire à la somme de 60 millions de francs le solde de l'indemnité, et qu'on en a réparti le paiement de 1838 à 1868.

Il suffit d'exposer et de rapprocher ces faits pour mettre à nu tout ce qu'il y a de foi punique dans la république d'Haïti. Plus on lui fait de concessions, plus ses exigences sont ambitieuses. Crises ministérielles, dissensions civiles, faiblesse du gouvernement, elle tire profit de tout pour renvoyer aux calendes grecques le paiement de l'indemnité.

Après tant de négociations, de nouveaux exposés de ressources, de traités ratifiés et échangés, croyez bien qu'Haïti n'en est pas encore à son dernier mot. Pour ne pas s'exécuter, la république noire trouvera encore mille petits subterfuges, mille petits prétextes. Haïti ne s'acquittera envers la France que lorsqu'elle aura vu nos matelots à l'abordage et nos canons braqués sur ses côtes. Une forte escadre, l'avenir vous dira si ce n'est pas là le seul moyen d'en finir avec la honteuse affaire d'Haïti.

Mais en attendant qu'arrivent les jours de

la justice, les anciens colons de St-Domingue dépouillés de leurs propriétés et de leurs droits, par le fait même de la métropole, et sans indemnité aucune, ne concourent certainement pas à rassurer les colons actuels sur la certitude d'une indemnité préalable.

Il faut cependant bien ne pas nous dissimuler que dans toutes nos mesures pour arriver à l'affranchissement, nous ne saurions exiger plus de franchises de la part des colons que nous n'en apportons nous-mêmes dans nos plans d'améliorations et de réformes. Dans toutes les circonstances, les colons ont fait preuve d'une trop haute intelligence de leurs intérêts pour qu'on puisse espérer de surprendre leur bonne foi et de les conduire à l'affranchissement des noirs sans que la métropole ait préalablement décrété l'indemnité. Que la métropole joue avec les colonies ouvertement et cartes sur table, le problème de l'émancipation aura fait un pas immense. La tâche sera simplifiée de beaucoup pour tous; l'administration n'aura qu'à s'occuper des moyens de moralisation et de répression, de l'augmentation des troupes et de l'organisation des missionnaires, des femmes d'ordre religieux, des instituteurs et des institutrices. Les colonies de leur côté apporteront pour contingent leur volonté, leurs soins, leurs moyens locaux pour la pratique du culte et l'instruction des esclaves, les contributions locales et les milices pour le maintien de l'ordre.

En ne se plaçant même qu'au point de vue financier, il n'est pas indifférent de donner au problème de l'émancipation telle ou telle solution. Si la métropole décrétait l'émancipation générale et immédiate, elle aurait à ajouter, aux deux cents millions qui seraient déjà nécessaires pour assurer l'indemnité préalable, de nouveaux frais de garnisons, de prisons et d'hospices. Toutes ces dépenses qui résulteraient de cet accroissement de force et de moyens de répression seraient d'autant plus indispensables à la sécurité de nos colonies et atteindraient un chiffre d'autant plus élevé que la population blanche est relativement moins nombreuse dans nos colonies que dans les colonies anglaises, et que nos lois ne sont pas aussi barbares, aussi expéditives dans nos provinces d'outre-mer que dans les possessions

britanniques. C'est un malheur dont notre nature est heureusement affligée de n'avoir pas ce
mépris qu'ont les Anglais pour la vie des
hommes ; mépris qui fait de leur procédure
criminelle comme une potence à la vapeur
contre les criminels et les révoltés.

En adoptant au contraire le système d'émancipation progressive et individuelle que nous
proposons, les Chambres ne seraient pas arrêtées dans leurs projets de réforme coloniale
par des crédits à voter pour l'augmentation des
troupes, pour l'agrandissement des prisons et
des hospices. L'indemnité elle-même, qui effraie
tant nos députés alors qu'on leur propose
l'émancipation en masse, ne serait tout au plus
qu'un léger sacrifice, dont les charges réparties
entre plusieurs années permettraient tout à la
fois de respecter les droits des propriétaires dépossédés, et de ne pas trop grever notre budget
colonial. L'indemnité préalable ne serait plus
ainsi pour nos législateurs une espèce de *caput
mortuum ;* la philanthropie pourrait suivre le
torrent de ses idées de progrès et de liberté ;
l'avenir de l'émancipation ne se présenterait

plus escorté de nuages et de tempêtes ; la liberté marcherait d'autant plus rapide, d'autant plus sûre de ses conquêtes, que des garanties d'ordre et de sécurité seraient réservées au présent.

CHAPITRE IX.

Notre éducation coloniale.—L'Angleterre et ses colonies.

Les difficultés d'argent se compliquent à chaque pas que l'on fait dans la voie de l'émancipation générale et immédiate. L'indemnité préalable et le crédit qu'on aurait à voter pour doubler ou tripler les garnisons dans nos colonies, pour construire des hospices, des prisons, ne sont pas les seules questions de finance que soulève une pareille solution du problème de l'émancipation. Si l'affranchissement, au lieu de devenir une transformation du travail, avait le déplorable résultat de conduire à la destruction du travail lui-même, on aurait encore à tenir compte des pertes éventuelles que cette émancipation occasionnerait à notre trésor, à nos industries, à notre commerce, à notre marine.

Chaque année la discussion du budget colonial est une pomme de discorde autour de la—

quelle la philanthropie vient disputer. Cette occasion de chiffres est saisie au vol pour déverser sur nos colonies la plus grande somme de déconsidération. Bien que nos colonies ne laissent pas que d'être, même dans leur situation actuelle, une source de prospérité pour le trésor et le pays, on affirme qu'elles sont onéreuses au fisc. On insinue même qu'elles ne sont propres tout au plus qu'à produire du sucre. Simples que nous étions ! N'avions-nous pas cru jusqu'à cette heure que nos colonies étaient autre chose que des plantations? Erreur que cette importance attribuée à nos provinces d'outre-mer ! Désormais les difficultés coloniales se réduiront à une question de bonbons : mangerons-nous ou ne mangerons-nous pas du sucre de canne? Là gît tout le nœud gordien.

Nous avons une telle ignorance des choses coloniales que nous en sommes encore à mettre en question l'importance d'une existence coloniale pour le pays ; et tandis que nous sommes arrêtés à cette préface de l'économie coloniale, l'Angleterre toujours active, toujours infatigable, prépare ou saisit toutes les occasions d'étendre ses provinces d'outre-mer. Machinations perfides, voyages scientifiques en apparence, abolition de la traite, émancipation des esclaves noirs, l'Angleterre s'arme de toutes les combinaisons pour parvenir à la domination exclusive des colonies et des mers.

Nous ne dirons pas que notre époque nous offre le triste spectacle de la dégénérescence du sentiment national. Sous ce rapport nous ne composerons pas le panégyrique de notre vieille monarchie pour faire la satire des contemporains. Nous serons plus équitables en disant que toujours la France eut à peu près les mêmes vertus et les mêmes vices. Si sa nature fut toujours légère, frivole, ardente pour l'innovation, toujours aussi elle fut polie, généreuse, amante de la gloire. Cependant, sans accuser la dégénérescence du sentiment national dans le pays, il nous sera bien permis de dire que nous sommes bien loin d'avoir pour nos provinces d'outre-mer la sollicitude de la Grande-Bretagne pour ses possessions coloniales.

En Angleterre, dès qu'il s'agit de conserver ou d'agrandir les possessions de l'état, les haines des partis cessent; le pouvoir, l'aristocratie, les whigs, tout se réunit et se confond dans un

sentiment commun de dignité nationale. C'est
surtout sous ce point de vue que nous devrions
prendre les Anglais pour modèles. Nous allons
toujours puiser en Angleterre des préceptes de
droit public ; le plus souvent nous avons la folie
d'imiter un peuple dans des faits politiques,
dans des institutions peu susceptibles d'être
heureusement naturalisées sur notre sol, et quand
ce peuple nous donne des exemples d'intelligence et de sagesse que le patriotisme nous
ferait un devoir d'imiter, nous nous éloignons
de ces exemples si dignes cependant de notre
admiration.

L'Angleterre est vraiment la terre classique
de la science coloniale ; c'est que la Grande-
Bretagne ne vit que par ses colonies. Sans elles,
l'Angleterre n'eût été qu'un état soumis comme
la Sicile à l'empire romain, ou comme la Corse
à la France. L'Angleterre a su prévoir et servir
ses intérêts ; elle a conquis de vastes colonies
par les armes ou par des combinaisons souvent
machiavéliques, mais toujours habiles, toujours
dirigées vers un même but.

Nul sacrifice n'a coûté à son esprit de colonisation. Pour faire prospérer ou pour multi-

plier ses colonies, elle s'est livrée à une prodigalité intelligente. Philanthrope ou impitoyable,
selon les circonstances ou les temps, l'Angleterre, qui jadis sur une vaste échelle fit la traite
avec autant d'ardeur que de férocité, se dis-
tingue aujourd'hui par ses motions philanthro-
piques contre ce trafic des hommes. Nulle part
la discipline des noirs ne fut moins paternelle
que dans les colonies anglaises, et pourtant ce
sont les Anglais qui, après avoir décrété l'apprentissage et substitué bientôt l'émancipation
immédiate à cette manière de liberté, appellent
l'Europe à l'émancipation des noirs. Il n'y a
pas longtemps encore que des quakers fanati-
ques inondaient Paris, semant les séductions
de l'or pour obtenir de la presse des paroles de
sympathie; et nous avons vu ces quakers triom-
phants revenir vers leur foyer de propagande,
et si dans le voyage ils détournaient la tête,
c'était, comme Jugurtha, pour prédire à Rome
qu'il ne lui manquait plus qu'un acheteur.

Ce plan systématique et mûrement réfléchi
de révolutionner les colonies de l'Europe
n'exclut point de la part du peuple anglais
ce zèle infatigable, cette activité de tous les ins-

tants qui le porte à avoir les yeux sans cesse ouverts sur ses colonies.

Aussi, au-delà des mers, quelle vaste domination! C'est vainement que les États-Unis ont divorcé avec la métropole; c'est vainement qu'ils ont secoué le joug de sa tutelle ambitieuse; la Grande-Bretagne ne laisse pas que de posséder en Amérique des possessions immenses.

Dans le golfe du Mexique n'a-t-elle pas les Lucayes, les Caïques au nord d'Haïti, les Iles-Vierges, la Jamaïque, Antigoa, l'Anguille, Nieve, St-Christophe, Mont-Sarrat, la Dominique, la Barbade, Sainte-Lucie, St-Vincent, la Grenade, la Trinité, Tabago, et à quelques lieues de là, Essequibo, Démerari, Berbick, presque toute la Guiane hollandaise où le roi des Pays-Bas ne possède plus que Surinam?

L'Angleterre coloniale nous déborde de toutes parts. Elle domine sur l'île de Ceylan, elle possède une partie des îles de la Sonde, la nouvelle Galles du sud, et la terre de Van-Diemen; c'est déjà plus de terre que n'en contient toute l'Europe. Dans les archipels des Navigateurs, des Amis, sur les îles Sandwich flotte le pavillon britannique; même domination sur les hom-

breux archipels de la mer du Sud et de la Nou-
velle-Zélande, sur les îles d'Owhyée et d'Otaïti.

Quelle domination coloniale! la Grande-
Bretagne n'a pas été encore satisfaite de cette
domination au delà des mers. L'Inde n'échap-
pera jamais à l'Angleterre par l'insurrection; ce
peuple d'enfants, ces populations sans énergie
et sans volonté, ne sauraient donner ombrage
à la métropole; mais l'Inde pourrait bien lui
être ravie par la conquête; aussi l'Angleterre
se prémunit en Afrique contre l'éventualité
d'une catastrophe dans l'Inde.

Tout change sous le soleil, tout se reproduit
sous des formes nouvelles; les hommes et leurs
monuments, les nations et leur puissance sont
la proie du temps. Le temps n'est peut-être pas
éloigné où Carthage va renaître de ses cendres.
L'Afrique pourrait bien être encore appelée à de
grandes destinées commerciales et politiques.
Si notre génie ardent, frivole, mobile, hésite
encore à poser sa tente sur le sol africain, l'Angleterre poursuit depuis longtemps en Afrique
son vaste système de colonisation et d'envahissement.

Le cap de Bonne-Espérance, autant par sa

position que par la richesse et l'étendue de son
sol, était la plus importante des colonies hollan-
daises. L'Angleterre l'a d'abord envahi à titre
de protection , elle l'a gardé à titre de conquête.
Aujourd'hui le Cap est la colonie de prédilection de la Grande-Bretagne; elle y a transporté
une population nombreuse; elle a fait alliance
avec les Cafres; elle a établi à Graham's-Town
quatre foires par an; c'est là que les Cafres
viennent échanger leurs poudres d'or , leur
ivoire, leurs pelleteries, contre le cuivre, le fer
et les cotonnades des Anglais.

Ici encore nul sacrifice ne coûte à son esprit
de conquête coloniale. Sa prodigalité intelligente ouvre ses trésors aux voyageurs qui s'en
vont remonter à grands frais la Gambie , le
Sénégal, le Zaïre. Nous avons cru que ce voyage
était entrepris pour s'assurer si le Zaïre et le
Niger n'étaient réellement qu'un même fleuve;
mais le but réel de l'Angleterre était d'explorer
les contrées que ces fleuves arrosent, de s'é-
clairer sur les ressources du continent africain.
Sous ombre d'agrandir le domaine de la science,
elle fait du commerce, elle multiplie ses rapports, elle fonde des colonies nouvelles.

Toujours active, toujours infatigable, elle a remonté la Gambie jusqu'à une distance de 250 lieues. Dans cette exploration elle a fondé Sainte-Marie, place importante et d'une grande valeur commerciale. Autour de cette colonie s'élèvent de vastes plantations d'indigo ; Sierra-Leone et les bords de la Gambie produisent plus de riz que n'en consomment les Antilles anglaises. Sierra-Leone n'est plus une colonie restreinte à de certaines limites. A une grande distance de la ville, des établissements ont surgi non moins remarquables par leur étendue que par leur richesse. Les Anglais y ont fixé les noirs à la glèbe, en payant leur main-d'œuvre par le tabac et l'eau-de-vie dont ils ont fait un besoin, une nécessité pour les noirs. Sierra-Leone fût devenue une terre d'Eden, si l'insalubrité du climat n'eût pas bientôt appris aux colons anglais que leur industrie et leurs efforts n'avaient pu complétement dompter la nature.

Mais c'est surtout à Régent's-Town, à Tru-Town, à Kissey, que l'envahissement anglais a fait une fortune rapide et prodigieuse. Là ont été construits des marchés ouverts, des routes, des ports, des quais. Partout s'élèvent des établissements de toute espèce. Leopold's, Charlot's, Glocester's, Butturt's, Wilberforc's-Town; autour de toutes ces villes, vous voyez la terre en culture, les routes s'improviser, de vastes systèmes de communication s'offrir à vos regards étonnés.

Chaque jour l'Angleterre accroît en Afrique son influence commerciale. Et nous en sommes encore à comprendre que la France pourrait retrouver dans l'Algérie les immenses possessions que les guerres, les révolutions et les traités nous ont fait perdre dans les deux Indes.

Malgré toute notre réputation de peuple spirituel et lettré, nous n'avons pas assez de bon sens, de sagacité et de justesse, pour trouver dans l'Algérie le contraste heureux de tout ce qui est aujourd'hui inconvénient et obstacle dans les possessions coloniales de l'Asie et de l'Amérique.

Avec l'Algérie, la France ne saurait rencontrer l'inconvénient d'une administration qui aurait sa tête en Europe et ses pieds en Amérique ou en Asie.

L'Algérie n'est tout au plus qu'à quatre journées de nos côtes; avec une colonie ainsi placée aux portes de la France, les communications, la protection, les expéditions militaires, commerciales et maritimes, sont chose facile.

Par sa position géographique, l'Algérie est l'entrepôt naturel de nos relations commerciales avec l'Espagne, l'Italie, l'Egypte, la Syrie, la Turquie d'Europe, la Grèce et toute la côte d'Afrique.

De Toulon, de Marseille, ou mieux encore de la Corse, ce poste avancé dans la Méditerranée, il n'y aurait qu'un pas à faire pour secourir Alger en temps de guerre.

Aujourd'hui que les colonies asiatiques et américaines fermentent dans des idées d'indépendance et de séparation, cette proximité d'Alger est d'une grande importance politique.

On comprend facilement que le Pérou, le Mexique, le Brésil, le Chili, n'aient plus voulu du gouvernement inintelligent et tyrannique de Lisbonne et de Madrid. On peut facilement se faire à cette idée que le Canada, en raison des distances et de la différence de nationalité, organise des insurrections contre la Grande-Bretagne ; ces scissions étaient et sont encore dans la nature même des choses.

Avec l'Algérie, cet inconvénient des distances n'existe pas. L'Algérie peut être réunie à la France et devenir, comme la Corse, partie intégrante de son territoire. Nous pouvons avoir un département de l'Algérie, comme le Piémont, le royaume de Naples, la Grande-Bretagne ont des manières de départements dans la Sardaigne, en Sicile ou en Irlande.

Nous ne voulons pas donner ici une édition nouvelle à tous les lieux communs qui ont déjà été développés à satiété sur l'importance agricole de l'Algérie. On pourrait exploiter dans cette heureuse possession presque toutes les productions de l'Europe et des tropiques. La culture y est susceptible d'une variété que ne sauraient comporter séparément notre climat et celui des Antilles.

Au lieu de chercher à exploiter les richesses immenses que la nature a prodiguées sur le sol africain, nous attendons chaque année l'*affaire d'argent*, pour donner cours à nos opinions, à nos intérêts et à nos systèmes. Nous délibérons sans cesse sur le gouvernement, l'administration et l'organisation de l'Algérie.

Nous paraissons ignorer que pour un établis
sement qui commence le pire des maux est
l'incertitude. Sans doute bien des erreurs, des
fautes, des abus, ont paralysé le progrès de
cette colonie; mais toutes ces erreurs, toutes
ces fautes, tous ces abus, ont eu sur la colonisation une influence bien moins désastreuse que
la mobilité des hommes et des choses, des
pouvoirs et des systèmes, des majorités et des
opinions.

La confiance des capitaux et des colons ne
saurait naître de ces fluctuations ministérielles,
de ces luttes des partis, de ce *va et vient* des
majorités qui remettent tout en question. La
compagnie des Indes n'aurait jamais conquis
une population de 90 millions d'habitants, et
un territoire de cinq cent quatorze milles car-
rés, si ses actes avaient pu être révoqués ou
modifiés par une chambre ayant la prétention
de gouverner avec des éléments aussi incertains,
aussi mobiles que de fugitives majorités.

En matière de colonisation surtout, le provisoire tue; le système le plus désastreux est de
vivre au jour le jour. La confiance ne peut

naître là où les intérêts ne trouvent pas un plan irrévocable et bien arrêté, auquel ils puissent désormais se rattacher. Ce qui les contrarie, ce qui les décourage le plus, c'est l'incertitude.

Alors que la confiance ne paraît pas exister pour le gouvernement métropolitain, faut-il être surpris, si les colons, si les indigènes, si l'armée, si les administrateurs, montrent tant de timidité, d'hésitation, et se livrent à des efforts impuissants, à des sacrifices en pure perte?

Ce qui importerait avant toutes choses, ce serait que l'opinion dans l'Algérie, en France et à l'étranger, fût bien convaincue de la conservation d'Alger. Vainement dira-t-on que la conservation est une nécessité politique qui doit suffisamment rassurer tous les intérêts. Mais la nécessité politique pourrait être à son tour dans l'abandon de la colonie, et les intérêts ne sauraient vouloir d'une telle éventualité pour clef de voûte de leur confiance.

On ne rassurera pas davantage l'opinion publique en venant déclarer chaque année à la tribune qu'on veut conserver Alger et qu'on calomnie le ministère en lui attribuant la pensée anti-nationale d'abandonner cette colonie.

Ce sont là des frais d'éloquence en pure perte et sans portée aucune pour dissiper les craintes de l'opinion.

L'esprit public ne sera rassuré, la confiance ne commencera à naître, les intérêts et les capitaux ne se porteront vers l'Algérie, que lorsqu'un acte solennel aura dissipé tous les doutes , et qu'une déclaration organique à laquelle auront concouru les trois pouvoirs aura décrété que le territoire de l'Algérie est réuni à celui de la France pour former soit une province, soit une possession coloniale.

A tort ou à raison, l'opinion est persuadée de cette idée que l'Angleterre a mis son *veto* sur l'occupation définitive et irrévocable de l'Algérie, et que c'est là la raison politique qui empêche le gouvernement de faire sanctionner sa souveraineté par les trois pouvoirs.

Ce serait d'une sage politique de désabuser l'opinion, et de montrer non seulement le désir, mais la volonté, mais la puissance de conserver l'Algérie. Quand on ne doutera plus qu'il dépend du gouvernement de consolider l'avenir d'Alger, qu'il n'existe aucun obstacle du côté de la politique extérieure et que tous les cabinets sont d'accord sur ce point, que la France peut conserver un territoire qu'elle a conquis, au prix de son sang, sur une piraterie qui désolait l'humanité et la civilisation ; alors on verrait des capitaux et l'industrie se diriger vers une colonie où ils trouveraient un aliment à leur activité, à leur sécurité et à leur avenir.

Le morcellement de la propriété, la surabondance de population dans nos grandes villes, ce grand mouvement d'industrie qui trouve si difficilement à se satisfaire, ces prodigieuses machines qui mettent à la réforme une foule de bras par le déplacement du travail, toutes ces causes font de l'Algérie une continuité du territoire français où il nous est donné d'envoyer le surplus de la population.

Nous le répétons, l'Algérie ne saurait devenir une succursale du pays qu'autant qu'on s'empressera de dissiper l'inquiétude de l'avenir, de rassurer la défiance des intérêts, et de satisfaire le besoin d'une action forte et soutenue, d'un système suivi, d'un gouvernement enfin.

Depuis bientôt huit ans, tout a été dit sur Alger ; les meilleures théories de gouvernement et d'administration ont été développées. On n'en discute pas moins encore, alors qu'on devrait agir et suivre une direction persévérante dans un système quelconque.

Deux opinions bien tranchées sont en présence, l'abandon de la conquête ou sa conservation.

Nous ne nous occuperions pas des partisans de l'abandon de l'Algérie s'il n'y avait pas dans les chambres un parti nombreux et en majorité qui voulût cet abandon.

Il semble à ces ennemis de l'Algérie que la France, pour abandonner sa colonie, n'aurait qu'à faire son paquet et à dire adieu à tout le monde et à revenir comme on était allé. On tient peu compte au reste des sentiments d'honneur et d'humanité pour consentir ainsi à s'humilier devant l'Europe, et à consommer la ruine de plusieurs milliers de nos compatriotes.

Car, malgré nos incertitudes, nos hésitations, les choses de l'Algérie ont marché tant bien que mal, des spéculateurs se sont rencontrés, hardis et résolus, qui, en dépit d'une politique mystérieuse et dépourvue de franchise et de courage, ont transporté dans l'Algérie leurs familles et leurs capitaux. A Alger, à Bone, à Bougie, à Oran, etc., ils ont fait construire des maisons d'un très grand rapport. Les uns ont acheté des terrains; les autres, bien qu'ils aient reçu une concession gratuite de la terre, ne se sont pas moins livrés à des frais importants d'améliorations et d'établissements.

A tous ces citoyens industrieux qui attendent que l'avenir les dédommage du sacrifice d'avoir quitté la patrie, la France accordera-t-elle une indemnité? Ou bien, en retirant ses soldats, les punira-t-elle sans pitié aucune d'avoir eu foi dans ses promesses de colonisation, d'avoir cru à ses sentiments d'honneur, de gloire et de dignité?

Il est vrai que vous avez une réponse toute prête à cette objection. Plutôt que de persister dans une entreprise dont vous ne voyez que les charges, sans en envisager l'avenir de gloire et de dignité nationale, de grandeur et de prospérité industrielle, commerciale et maritime, nous préférons, dites-vous, ramener avec nos soldats tous nos concitoyens et apaiser avec de l'argent leurs plaintes légitimes.

C'est fort bien ; mais les populations indigènes que, par tant de combats et de négociations, vous avez séduites à notre cause, elles
ne vous suivront pas ; elles sont trop éprises du
sol de la patrie ; elles resteront pour mourir. Il
ne leur sera pas pardonné d'avoir fait cause
commune avec les infidèles. Gouvernement,
hiérarchie sociale, vous avez tout détruit en
Afrique. Aux Turcs qui administraient avec le
sabre, vous avez fait succéder une épouvanta-
ble anarchie. En abordant sur ces rivages, vous
vous êtes présentés avec le laurier de la paix et
le flambeau de notre heureuse civilisation ; et
votre retraite abandonnerait l'Algérie à des rivalités et à des haines qui seraient une source
intarissable de querelles sans fin et de combats interminables.

Heureusement, pour assurer le triomple de
l'humanité, et sauver l'honneur du pays, il y
a dans l'opinion publique une force irrésisti-
ble contre laquelle viennent se briser les efforts
d'un parti nombreux et compacte. Quoi qu'on
dise et quoi qu'on fasse, l'opinion publique
gouverne quand les hommes qui sont aux affaires ne savent pas la diriger. Plus patiente et

plus persévérante que l'administration , c'est l'opinion qui n'a pas désespéré de l'Algérie, malgré les fautes et les revers ; c'est elle qui a pris Constantine ; c'est elle qui a contre-balancé le traité de la Tafna , en déclarant de sa propre autorité que l'Algérie appartenait en entier à la France.

C'est au reste une opinion assez commode que de se prononcer contre une colonisation qui est encore à se reconnaître. Ceux qui n'examinent pas du tout en ont plus tôt fait avec la faculté de réfléchir ; ceux qui observent peu peuvent se donner le mérite d'une opinion, en ne faisant tout au plus que les frais d'une ou de deux idées. Quant à ceux qui observent davantage, on les tient de suite dignes d'entrer *in docto corpore*, car une entreprise nouvelle rencontre toujours des difficultés ; ces difficultés frappent d'abord beaucoup plus que les éléments de succès ; signaler ces embarras et ces obstacles, c'est tout à la fois se faire mieux comprendre , et se donner de plus grands airs de pénétration.

C'est une chose digne de remarque que les partisans de la colonisation sont surtout ceux

qui ont étudié les Arabes en se créant des relations avec eux, en se familiarisant avec leur
langue, en pénétrant dans leurs douars.

Si parmi les projets de colonisation qui ont
été proposés, quelques uns méritent les honneurs d'un système, il en est beaucoup aussi
qui ne sont qu'un amas d'idées confuses, mal
digérées, décousues. On n'en finirait pas avec
tous ces projets, si l'on acceptait pour système
de colonisation tout ce qui se décore pompeu-
sement de ce titre. La plupart de ceux qui ont
vu le pays s'empressent d'offrir, pour avoir
recueilli quelques récits de voyageurs, leur petit système, leur petite méthode de colonisation.

De tous ces systèmes il n'en est guère que
deux qui soient sérieusement dignes de fixer
l'attention ; l'un est l'*extension de la domination
française*, l'autre *la paix armée*.

Ce dernier système est actuellement mis en
œuvre, et bien qu'il réunisse l'assentiment
d'hommes haut placés dans l'estime de leurs
concitoyens, nous ne le croyons ni vrai, ni
fécond en heureux résultats.

Nous n'ignorons pas que les Anglais n'ont

pas soumis tout d'un coup les vastes populations qu'ils administrent en Asie, et que les Américains des Etats – Unis n'ont pas tout d'abord
poussé leurs conquêtes jusqu'à l'Océan occidental et à la frontière du Mexique. Les Anglais
ont fixé parmi eux les populations de l'Inde, et
les ont fait concourir à l'agrandissement successif de leur établissement par des victoires sur
les conquérants turcomans, mongols et tarta-
res. Les Américains, qui pouvaient facilement
avoir raison par les armes des peuplades indigènes, les ont cependant poussées successivement vers l'Occident. Les uns et les autres ont
pensé qu'il était d'une sage politique d'attendre
que leur civilisation européenne eût converti à
ses idées, à ses mœurs, à ses habitudes, la
civilisation barbare des indigènes.

Sans justifier ici les Anglais d'avoir laissé les
veuves des Indous se brûler sur un bûcher, les
mères noyer leurs enfants dans le Gange, et
les adorateurs des idoles se faire broyer sous
un char, il n'est pas moins vrai de dire que les
Anglais et les Américains ont suivi une politique
d'attente et de conquête la plus propre à consolider leur domination.

Mais en appliquant à l'Algérie un système de *paix armée*, a-t-on bien réfléchi à l'influence d'un pareil système sur l'esprit des Arabes ? Laisser l'offensive à l'Arabe c'est doubler ses forces ; s'entourer d'une ligne de camps et de blockaus, et s'y borner à se défendre, c'est pour l'Arabe une tactique qui ressemble à de la peur. Attaquez l'Arabe, il se défend mal ; attendez-le dans vos retranchements, il vient vous y chercher avec témérité. Son audace et sa confiance croissent en raison inverse de l'audace et de la confiance de ses ennemis.

Le général Berthesène avait aggloméré lui aussi toutes ses forces dans les environs d'Alger. Ce point était formidable ; il semblait écarter toute supposition d'attaque. Les Arabes n'en harcelèrent pas moins le général. Les soldats, écrasés de service, succombaient à la tâche ; la position ne fut pas tenable. Il fallut reprendre l'offensive et chasser l'ennemi devant soi. Avec ce système, la crainte de la guerre conduit à la nécessité de la faire terrible, impitoyable. Ce système ne veut ni anéantir les Arabes, ni ravager leurs champs, ni incendier leurs demeures ; et pourtant ce système ne va pas à un autre but :

lisez plutôt la célèbre proclamation du général Bugeaud.

Rien ne démontre mieux que le système de l'extension de la domination française s'adapte parfaitement aux exigences du pays et au caractère des habitants.

Ce système remplace la domination turque par la domination française. Ne laisser aux indigènes aucun centre de force, et disséminer dans l'intérieur du pays des garnisons françaises, liées entre elles par des camps retranchés, tels sont ses moyens d'exécution.

Quoi qu'on en ait pu dire, il faut que ce système soit seul vrai, seul raisonnable, puisqu'il a pour lui l'opinion de tous ceux qui ont considéré attentivement l'Algérie, et qu'après bientôt huit ans d'efforts inutiles pour en trouver un autre, la force nous ramène toujours vers lui.

Si l'on veut sérieusement conserver Alger, il importe au plus tôt d'entrer franchement et sans arrière-pensée dans la voie d'un système qui brise les centres de la puissance indigène, et, rendant ainsi impossibles toutes les guerres isolées, force les tribus à accepter la loi de la nécessité et à se soumettre; qui établit une force permanente et donne ainsi un caractère de durée à la puissance morale d'un succès.

Pour arriver à des résultats satisfaisants, il ne suffirait pas d'adopter ce système pour l'abandonner aussitôt et se mettre en quête d'un système nouveau. Cette absence de vues fixes et définitivement arrêtées nous a conduits déjà au sacrifice presque stérile de plus de 300 millions.

Si nous voulons coloniser d'une manière qui soit tout à la fois productive pour la gloire et les finances du pays, il faudra vouloir une fois pour toutes d'une volonté forte et persévérante. A ces conditions seules, il nous sera donné de poursuivre la belle tâche que la Providence semble nous avoir confiée, de transformer un repaire de pirates en cités industrieuses, en ports hospitaliers; de donner au monde civilisé une famille nouvelle, et de commencer peut-être la régénération orientale.

On attribue à lord Wellington une parole qui doit nous donner bien à réfléchir : « Laissez les Français s'établir en Afrique, disait-il; je les connais, ils y dépenseront beaucoup

» d'argent, se dégoûteront et s'en iront. »

Nous avons en effet dépensé beaucoup d'argent ; ce n'est pas d'aujourd'hui que beaucoup d'esprits découragés se dégoûtent d'une conquête qui nous promettait un si bel avenir de gloire et de prospérité. Pour que la prédiction s'accomplisse dans toute sa plénitude, il ne nous reste plus qu'à faire une retraite honteuse; et peut-être que le jour n'est pas loin où le *Moniteur* viendra nous révéler que tout est consommé dans l'Algérie, que nos troupes ont abandonné l'Afrique, parce qu'il n'y avait là aucun élément de prospérité pour notre marine, notre agriculture, notre industrie et notre commerce, alors qu'Alger, avec un seul centre d'action, une seule frégate et quelques légers esquifs, s'était rendu si redoutable; alors que l'Algérie peut donner la plupart des produits qui manquent à notre sol, alors que par la voie de Tombouctou, les peuples du midi du Niger transportent dans la ville de Laoussa des lingots et de la poudre d'or que les Anglais échangeaient, il n'y a pas longtemps encore, presque à poids égal, contre du sel. Les Anglais sont entrés en communication avec ce peuple qu'ils

ont séduit à leur cupidité, en lui communiquant le goût du luxe et des plaisirs européens.

En France nous sommes bien moins avancés dans la science du commerce maritime. Ce n'est pas que nous manquions d'écrivains pour rendre justice à l'influence du commerce sur la prospérité du pays. Au contraire, nos livres pullulent pour démontrer que le négociant s'occupe nécessairement du bien public, qu'il s'enrichit en procurant l'abondance, et que ses richesses mêmes racontent des services rendus au pays. Ce n'est pas de ce côté que nous sommes dans l'indigence, mais ce qui nous manque, c'est une science pratique, c'est un esprit de suite, de conséquence, de logique dans la pratique du commerce.

Si c'était même ici le lieu de nous occuper de la science de produire, nous trouverions dans nos pratiques de productions le même manque de logique que dans la science pratique des débouchés. Ainsi, nous convenons bien que la Grande-Bretagne est la terre d'Eden de l'industrie, mais tout en voulant imiter l'Angleterre, nous prenons ses méthodes, ses procédés tout au rebours; nous copions l'An—

gleterre en lui mettant les pieds en l'air et la tête en bas. C'est ainsi que nous avons fait en lui empruntant ses forces industrielles obtenues par la vapeur. Bien qu'en plus de vingt localités le sol anglais offre à l'industrie des houillères riches et nombreuses ; bien que la houille verse sur le royaume-uni plus de richesses que n'en répandirent jamais sur l'Europe les mines du Pérou et les rocs à diamants des monts Necla-Mulla, la Grande-Bretagne n'a pas adopté avec précipitation la vapeur comme moyen de production. Si l'on compare la force des machines à vapeur et la force des moteurs hydrauliques employés en Angleterre, on trouve que plus du cinquième de la force réclamée par l'industrie cotonnière est produite par des roues à eau, et que l'industrie des laines fait fonctionner au moins pour moitié des moteurs de même nature. En Angleterre, les roues à eau représentent le quart des moteurs industriels. L'industrie française, qui aurait beaucoup mieux fait de s'engouer pour ses beaux cours d'eau des Pyrénées, du Limousin, de l'Auvergne et de l'Alsace, s'est laissé prendre d'une déplorable passion pour les forces produites par la vapeur, par la houille, combustible qui coûte en France six fois plus cher qu'en Angleterre. Malgré toute notre puissance hydraulique, les roues à eau n'entrent pas pour un quart dans la totalité de nos forces industrielles.

Après une telle inconséquence dans l'établissement de nos usines, ce serait trop exiger de nous que de nous imposer la prévoyance des débouchés. Tandis que les Anglais placent à Alger, avec des conditions magnifiques, de grosses toiles de coton, que nos fabricants ne produisent pas encore, nous armons nos navires de mousselines, de toiles peintes, de perkales, dont les Arabes n'ont que faire. Il y a dans notre fabrication une complète ignorance des besoins de l'étranger. Nous produisons sans nous préoccuper le moins du monde de la théorie des débouchés. Nos colonies offrent à nos industries, soit agricoles, soit manufacturières, des débouchés certains et nécessaires; et pourtant nos industries font cause commune avec les ennemis de notre existence coloniale. On dirait qu'elles conspirent elles-mêmes à leur décadence et qu'elles s'efforcent de donner au pays

le triste spectacle de ces Troyens introdui-
sant dans leurs murs avec pompe et transport
le perfide cheval qui portait dans ses flancs le
pillage, l'incendie, le viol et le meurtre de
Troie.

CHAPITRE X.

Importance d'une existence coloniale pour le pays.

Puisque aujourd'hui tout ce qui s'imprime,
tout ce qui se dit, trahit une telle ignorance des
faits, nos colonies n'ont plus qu'un seul langage
à tenir; elles n'ont qu'à donner la preuve arith-
métique, la preuve par calcul et par chiffres,
des avantages qu'elles apportent à l'agriculture,
au commerce et à l'industrie de la métropole.

Certainement les quelques millions qui sont
annuellement alloués dans le budget colonial
pour l'entretien de toutes nos colonies ne pro-
voqueraient pas des réclamations qui tendent
à faire considérer nos colonies comme imposant
à nos finances des sacrifices improductifs, si
les formes du service général de l'administration permettaient de placer en regard des dépenses le tableau plus attrayant des recettes.
Alors bien certainement les réclamations seraient
plus discrètes; elles se feraient entendre avec
bien plus de réserve.

Donnons, comme base de ce tableau comparatif des recettes et des dépenses, les chiffres relatifs aux importations et aux exportations pendant l'année 1834.

PAYS de PROVENANCES.	BATIMENTS ENTRÉS.			BATIMENTS SORTIS.		
	Navires français.	Tonnage.	Hommes d'équipage.	Navires français.	Tonnage.	Hommes d'équipage.
Martinique.	375	50,131	3,596	371	48,064	3,484
Guadeloupe. . . . : . .	492	65,219	4,631	481	66,354	4,647
Guiane française.. .	28	4,347	300	31	5,432	346
Sénégal.	57	6,228	525	48	4,996	390
Bourbon.	143	41,990	2,384	129	37,743	2,134
Saint-Pierre et Miquelon.	86	12,949	1,534	86	13,949	1,860
Total. .	1,181	180,854	11,970	1,146	175,137	12,361

Ce commerce général avec nos colonies, dont l'importance s'élève à 108,448,860 fr. 08 c., a donné les mouvements de navigation dont voici les chiffres.

PAYS DE PROVENANCES.	IMPORTATIONS.		EXPORTATIONS.	
	F.	C.	F.	C.
Martinique.	14,701,026	24	16,189,565	31
Guadeloupe et ses dépendances.	16,229,133	52	22,713,520	62
Guiane française	1,724,979	23	2,241,199	54
Sénégal et ses dépendances . .	4,009,341	02	3,261,173	67
Bourbon.	10,448,463	44	13,986,835	23
Saint-Pierre et Miquelon . . .	731,458	80	2,109,713	60
Total	47,844,422	25	60,604,437	83

Dans ce calcul nous n'avons tenu aucun

compte des navires étrangers ; en 1834, pour toutes nos colonies, il est entré 840 bâtiments étrangers ; il en est sorti 804. Tous ces chiffres, que je viens d'emprunter à un document émané du ministère de la marine et des colonies, parlent plus haut que tous les frais d'esprit et d'éloquence pour démontrer de quelle utilité sont nos colonies pour le pays. Elles n'apparaissent plus comme un fardeau pour le trésor, dès qu'on évalue les profits apportés au fisc par le mouvement de commerce et de navigation dont elles sont le principe. En se plaçant au point de vue des chiffres et des faits, on trouve que nos colonies offrent des avantages incalculables à toute la France, ne les envisagerait-on même que comme des comptoirs de commerce. Tous les produits que nous envoyons dans nos colonies ne sortent-ils pas de nos ports dans un état tel qu'ils puissent être immédiatement livrés à la consommation? Ces produits ont payé les salaires de nos ouvriers, les intérêts de nos capitaux, le prix de nos matières premières, les profits du fabricant, de l'armateur et de l'homme de négoce. Les sucres que nos colonies échangent avec nos produits ne sont,

grâce à la loi du 26 avril 1833, que des matières brutes qui font prospérer nos raffineries;
ajoutez que ces échanges ne se font que par
bâtiments français. Ces échanges mettent plus
de 1,180 navires en mouvement, et le mouvement perpétuel de ces navires de commerce est
pour notre marine militaire une pépinière de
matelots et d'officiers de mer.

Notre commerce avec nos colonies est d'une
bien autre importance que celle qui apparaît
d'abord; bien que nos colonies ne comptent
tout au plus que deux cent mille consommateurs, nul n'ignore cependant que nos relations
commerciales avec nos provinces d'outre-mer
ne sont pas restreintes à leur consommation;
nos colonies servent encore d'entrepôts à nos
produits exportés, et deviennent à ce nouveau
titre la source d'un grand mouvement de commerce et de navigation avec l'étranger.

Nous oublions trop que pour la France la
navigation est l'élément nécessaire de la puissance politique et industrielle. Grace au commerce maritime, dix années suffirent à Colbert
pour créer en France un mouvement d'affaires
et de fabrique tel, que la France semblait être

dévenue le grenier d'abondance de l'indigente Angleterre. Papiers, dentelles, batistes, satins, velours, soieries, porcelaines, glaces, la Grande-Bretagne alors achetait tout à nos manufactures. Alors Charles II demandait à la France une voiture qui fût digne de sa magnificence royale. Pour un pays comme la France, qui est, par sa situation géographique, une puissance tout à la fois maritime et continentale, le commerce maritime est une condition de prospérité nationale ; c'est au commerce maritime que jadis durent leur grandeur Tyr, Carthage, Venise, Athènes ; sans le commerce maritime, jamais la Hollande n'eût disputé à l'Angleterre le sceptre des mers, jamais ses ambassadeurs ne fussent venus imposer des conditions dans les trop célèbres conférences de Gertruydemberg.

Ce ne peut être sérieusement qu'on met en question la nécessité pour le pays d'une existence coloniale, lorsque tous les peuples de l'Europe s'efforcent de bâtir à grands frais quelque édifice au delà des mers. La Suède, pour toute colonie, n'a qu'un rocher sous les tropiques, et elle en retire des avantages immenses. Sa nationalité est fière de ce roc colo-

nial, et pour en défendre la possession elle ferait le sacrifice de ses soldats et de ses flottes.
Le Danemarck ne possède que Sainte-Croix et
Saint-Thomas dans l'archipel occidental, et
pourtant ces deux points presque impercepti-
bles sont pour le Danemarck un foyer de prospérité commerciale et industrielle.

Tous les peuples de l'Europe fondent des espérances sur le Nouveau-Monde. La Russie a
colonisé la Californie, et depuis le détroit de
Behring jusqu'à la Colombie, le colosse du
Nord est en contact avec les Etats-Unis. La
Hollande, veuve du Ceylan et du cap de Bonne-
Espérance, n'a pas désespéré de ses destinées
maritimes. Dans l'île de Java, elle régénère
chaque jour son commerce et sa marine.

Quand l'Europe se déborde une seconde
fois sur le Nouveau-Monde, l'abandon de nos
colonies aurait pour le pays les conséquences
les plus désastreuses. Tout acheter et ne rien
vendre, des denrées sans débouchés, des manufactures dans l'inaction, une marine sans
vaisseaux et sans matelots, des besoins exagérés
et une industrie indigente, au sein même de
l'abondance des produits, telles seraient les
conséquences de ce honteux abandon.

CHAPITRE XI.

Situation coloniale avant 1830.

L'Espagne avait pris exclusivement possession de presque tout le Nouveau-Monde, que la France et l'Angleterre ne possédaient pas encore en Amérique une seule colonie.

On aurait peine à comprendre de nos jours ce monopole exclusif de l'Espagne, si d'ailleurs on ne savait pas quels étaient, à cette époque, les préjugés de l'Europe et les dissensions religieuses qui la couvraient de sang et de ruines.

Sous le règne même de Louis XIII, ou plutôt du cardinal Richelieu, ce prêtre geôlier d'un roi taciturne et mélancolique, si la France n'était plus arrêtée dans ses essais de colonisation par la bulle papale qui concédait aux Espagnols le droit de propriété sur les contrées d'Amérique découvertes ou à découvrir par la suite, l'attention publique était néanmoins trop préoccupée dans notre pays de la sanglante lutte de la royauté contre les derniers débris de

la féodalité et du protestantisme, pour que
l'état pût sérieusement encourager les expéditions de quelques hardis aventuriers.

La régence d'Anne d'Autriche, qui succédait
à un ministre vindicatif et soupçonneux, semblait ouvrir la carrière aux essais de colonisation. Malheureusement la France avait alors
une occupation plus sérieuse que celle de poser
les bases d'une organisation commerciale et
maritime. Elle mettait tout son sérieux à se
réjouir, à se précipiter avec transport aux fêtes
que lui faisaient de fréquentes victoires sur les
ennemis. Sa joie, ses exclamations étaient d'une
naïveté qui excluait toute pensée d'expéditions
pleines de fatigues et de dégoût.

La guerre civile qui désolait les Antilles, et
qui faisait de nos commencements de colonisa-
tions une faible proie que se disputaient un
bailli de Poincy et un général Patrocles de
Thoisy, n'était qu'un bruit lointain et sans
écho, en comparaison de la cabale des importants et des victoires du duc d'Enghien. La
bataille de Rocroy, la prise de Thionville, les
combats de Fribourg, la bataille de Norlingue,
la prise de Dunkerque, la neutralité forcée de

la Bavière, la fortune bonne ou mauvaise de
Mazarin, les questions du toisé, de la Paulette,
de l'arrêt d'union, de la liberté individuelle,
les barricades de Paris, les intrigues du cardinal de Retz, des Espagnols, le bonhomme
Broussel, le siége de Paris, la bataille de
St-Antoine, voilà les faits qui concentraient
l'attention du pays.

Longtemps même après tous ces troubles, on
eut trop à se reconnaître au milieu des embarras d'un nouveau règne pour s'occuper d'autre
chose que de la révolution anglaise, et de l'é-
tonnante fortune de Cromwell, ce Napoléon
qui mourut sur un trône.

Cependant, après la mort de Mazarin, notre
bonne étoile nous donna un ministre qui fit
regorger la France de gloire et de bien-être,
et ouvrit une ère nouvelle au commerce maritime et à l'industrie. Les vingt années du
ministère Colbert furent une époque de prospérité pour nos provinces d'outre-mer.

Le jour où le *Moniteur* vint nous révéler l'é-
clatante réparation exigée du Mexique par la
France, notre cœur a battu d'une joie patrioti-
que; nous nous sommes applaudis de voir le

retour de ce temps où Louis XIV écrivait à son
ambassadeur en Espagne d'exiger prompte et
éclatante réparation pour tout dommage ap-
porté au commerce, à la liberté, aux droits des
négociants français.

Il reste donc encore dans le pays quelques
étincelles de sentiment national ! Nos colonies
peuvent donc espérer encore de voir la métropole obéir à ce sentiment de patriotisme qui
inspirait à Louis XIV et à Colbert ces notes,
ces lettres, ces déclarations où étaient dévoi-
lées les magnifiques espérances que le grand
roi et le grand ministre fondaient sur leurs
provinces d'outre-mer! Hâtons-nous de dire à
la gloire de Louis XIV que pour le grand
monarque les colonies n'étaient pas pays de
conquête; les colons étaient citoyens français,
et citoyens d'autant plus dignes d'éveiller les
sollicitudes de la métropole, qu'ils se trouvaient plus en péril, éloignés qu'ils étaient de
la mère-patrie.

Sous le règne de Louis XV et de Louis XVI,
nos colonies jouirent encore de plus de faveurs;
exemption de tribut, de service militaire, considération, des priviléges de tout genre furent

attribués aux colons. Ils croyaient, nos rois magnanimes, ne jamais assez dédommager des citoyens qui s'en allaient étendre à travers l'Océan les limites de la prospérité nationale.

Nos rois n'étaient pas fabricants de sucre indigène ; ce n'était pas avec des idées étroites, ce n'était pas assis sur des coffres qu'ils veillaient à la prospériété du pays. Alors nos intérêts coloniaux étaient envisagés d'un point de vue élevé. Dans nos provinces d'outre-mer . notre vieille monarchie voyait autre chose que des usines de sucre ; elle ne tranchait pas les questions coloniales par une solution de bonbons ou de chiffres. Pour nos rois, les colonies étaient des marche-pieds de gloire maritime et industrielle.

Aussi quelle sollicitude pour étendre ou faire prospérer notre existence coloniale! Avant 89, nos colonies jouissaient de l'organisation la plus favorable à leur situation. Nos rois y avaient introduit un ordre admirable, fruit d'améliorations successives.

Louis XIV partagea d'abord le pouvoir entre un gouverneur et un intendant. Pour surveiller cette administration, une chambre d'agriculture fut instituée par Louis XV. Cette chambre, composée des plus riches colons, entretenait un agent dans la métropole. Par cet agent, le roi connaissait toutes les doléances des colonies. A chaque mutation d'administra-teur, la chambre d'agriculture faisait passer sous les yeux du monarque un compte rendu sur la bonne ou mauvaise administration du démissionnaire. Avec de telles combinaisons, les exactions des intendants, l'arbitraire des gouverneurs, ne pouvaient pas se cacher dans l'ombre ; la déprédation et la tyrannie étaient produites au grand jour.

Louis XVI fit plus encore. Pour prévenir l'éventualité même de l'arbitraire, l'ordonnance de 1787 imposa une nouvelle barrière à un gouvernement qui, placé loin du trône, devait tendre si naturellement au despotisme. Le cœur de Louis XVI réalisa la pensée de Louis XIV. Les colonies eurent leur charte ; les élus des paroisses étaient enfin appelés à voter les re-venus et les dépenses dans un conseil où les colons déterminaient l'assiette et la répartition de l'impôt.

C'était l'âge d'or des colonies ; l'introduction du régime des douanes n'avait pas encore

anéanti la culture coloniale. Au sein de magnifiques récoltes, le colon vivait heureux et riche.
Sur l'agriculture et l'industrie métropolitaine
rejaillissait la prospérité des colonies. Jamais
le commerce maritime n'avait répandu dans le
pays une telle abondance.

L'Angleterre vit d'un œil inquiet, jaloux et
cupide les progrès commerciaux de sa rivale.
La guerre, et la guerre sur mer et dans les
deux mondes, parut à la Grande-Bretagne le
meilleur moyen de tarir les sources de notre
prospérité industrielle et maritime.

Convaincue que le maître de la mer est aussi
le maître de la terre, l'Angleterre, sans respect
pour les notions du juste et de l'injuste, ne re-
cula devant aucune honteuse action de pirate.
Dès l'année 1754, pour arriver à la domination
des mers, elle attaqua nos possessions de l'A-
mérique septentrionale. Au mépris du droit
des gens et de la foi des traités, la marine anglaise exerça contre notre navigation et notre
commerce les hostilités les plus violentes.

Rien ne caractérise mieux la politique si op-
posée des deux nations que les principes
d'honneur, de justice et de modération sur les-

quels la France se conduisit dans cette guerre.
A des procédés si injurieux, notre pays opposa
la politique la plus modérée.

L'Angleterre, par les violences les plus
odieuses, par les artifices les plus lâches, enle-
vait nos vaisseaux qui naviguaient sous la sauvegarde du droit des gens, et la France, loin
d'user de représailles sur les bâtiments anglais,
les laissait librement commercer dans ses ports
et renvoyait même à l'Angleterre une frégate
dont s'était emparée la marine française.

Les Anglais voyageaient librement dans notre
pays; ils y jouissaient de la protection et des
égards que se doivent réciproquement des peuples civilisés; et l'administration anglaise, dans
son île de pirates, franchissait à l'égard des
soldats et des matelots français toutes les bornes
que prescrivent les droits mêmes les plus ri-
goureux de la guerre.

L'Angleterre, se couvrant d'un masque de
bonne foi, donnait à la France des assurances
trompeuses d'une prochaine conciliation, alors
que les gouverneurs anglais recevaient, dans
l'Amérique septentrionale, des ordres directement contraires.

Il fallut repousser la force par la force ; on connaît les résultats d'une guerre qui fut si fatale à la France. Dans toutes les parties du monde, d'immenses possessions coloniales furent cédées à la Grande-Bretagne par le traité de paix de 1763.

L'Angleterre avait un droit de souveraineté sur les mers ; elle ne l'exerça pas longtemps ; le traité de paix de 1783 vint briser dans ses mains le sceptre maritime.

Dans la guerre à laquelle ce traité célèbre mit fin, la France avait vu se rallier autour d'elle les nations intéressées à la liberté de la navigation. A la France s'unirent l'Espagne, fière de montrer au monde une autre *Armada* ; le Portugal, qui venait de rompre ses chaînes et qui comprenait enfin que la France seule pouvait lui garantir son émancipation. La Hollande participait avec joie à une alliance qui allait donner aux états maritimes la charte de l'affranchissement des mers. La célèbre Catherine était restée neutre, et les conditions de cette neutralité étaient stipulées en faveur de l'émancipation maritime.

Cette fois l'Angleterre était assaillie au foyer

même de sa puissance. Ce n'était pas comme sous l'empire une guerre de tarifs et de prohibitions. Ce n'était pas à la compagnie des habits verts que la Grande-Bretagne avait affaire; elle se trouvait cette fois en présence d'une quadruple alliance en tête de laquelle marchait la marine redoutée de la France. L'Angleterre céda; l'indépendance des Etats-Unis fut reconnue. Désormais la Grande-Bretagne allait avoir une rivale dans le Nouveau-Monde.

Cette rivale, par reconnaissance autant que par politique, ouvrit ses ports au commerce français. Par la paix de 1783, la France dominait la Méditerranée et les échelles du Levant. En Afrique et dans l'Inde, nos établissements rivalisaient avec ceux de l'Angleterre; ils étaient supérieurs dans le Nouveau-Monde par la situation et la richesse du sol. Des colonies florissantes, une marine redoutable et redoutée, des matelots intrépides, des officiers intelligents, un commerce exercé sur une vaste échelle, telle était la France en 1789.

Jamais la nation ne s'était élevée à un tel degré de prospérité, mais la roche Tarpéienne est toujours près du Capitole. La révolution vint tout détruire, elle essaya d'abord de tout conserver ; bientôt le consulat défendit nos colonies avec des armes inintelligentes, et l'empire acheva de disperser le brillant héritage de Louis XIV.

L'incendie, le pillage, le viol, le massacre, avaient dévasté Saint-Domingue, mais l'Angleterre ne pouvait pas revendiquer encore le honteux honneur d'avoir ravi à la France la reine des Antilles. Saint-Domingue était encore attachée à la métropole ; elle avait repoussé l'ennemi ; elle offrait à la république plus de quarante mille baïonnetes. Le premier consul mal inspiré essaya d'asservir cette colonie par le sabre ; une armée de cent mille hommes fut dévorée dans cette folle entreprise.

En Afrique, en Asie, en Amérique, nos possessions coloniales furent successivement la proie de l'ennemi. Jadis, la cession de la Louisiane fit murmurer la France, un ministère fut même disgracié pour avoir dépouillé le pays d'une position aussi importante dans le Nouveau-Monde. Cette fois la Louisiane put être vendue aux états de l'Union américaine, sans que la France fît entendre une seule réclamation.

L'empire avait concentré son attention sur les conquêtes continentales. Vainement l'expérience disait-elle à Napoléon que le trident de Neptune est le sceptre du monde; le grand capitaine laissa dépérir la marine. Le continent fut le théâtre de notre gloire; mais sur les mers et dans nos provinces coloniales, que d'humiliations la France n'eut-elle pas à dévorer?

Dans les désastres de Trafalgar, la marine française avait péri avec celle d'Espagne. Notre pavillon, qui jadis flottait sur toutes les mers, n'apparaissait plus que sur le hunier de nos corsaires, dont la capture enrichissait trop souvent les armateurs anglais. Nous n'avions plus de navires, parce que nous avions perdu nos colonies. L'empereur avait mis les matelots à la réforme; on essaya de se passer des produits coloniaux en naturalisant en France les denrées des tropiques.

La chimie fit des prodiges. La carotte de betterave fut transformée en sucre et en café; mais la multiplication des pains n'était pas assez considérable pour suffire à la foule de tous les consommateurs; on y suppléa par des spéculations particulières dont le gouvernement exerçait tout le monopole; les denrées coloniales étaient directement transportées des ports anglais, le cours du prix restait toujours le même; un tarif énorme et des denrées livrées aux détaillants avec parcimonie proscrivirent toute concurrence.

On a beaucoup vanté le blocus continental. Les apôtres du régime prohibitif nous parlent de ce blocus comme d'une baguette de fée qui avait transformé la France en un palais dont les pierres étaient des rubis et des diamants. On ne peut pas dissimuler que le blocus n'ait donné à nos manufactures un essor prodigieux. Sous le rapport des couleurs, du dessin, du fini, nos fabriques firent des merveilles; mais le prix des matières premières et le tarif des douanes rendaient nos produits trop coûteux pour qu'ils pussent, au sortir de la France, soutenir la concurrence sur les marchés étrangers. Tandis que nos voisins nous vendaient à un prix très coûteux la matière première, les produits de nos fabriques étaient réduits à n'approvisionner que la consommation de l'intérieur. En apparence, le blocus continental était une conquête sur l'ennemi; dans la réalité des choses, ce blocus était un impôt payé par la France.

En commerce, en marine, en colonisation, les idées de Napoléon étaient aussi indigentes que celles de son ministre Decrès, cette manière de secrétaire-d'état au ministère de la marine et des colonies. Sous ce rapport, l'empire n'avait pas plus que notre époque la science infuse.

Quand la paix d'Amiens rendit la Martinique à la France, Bonaparte proclama solennellement que le régime de 1787 allait être rétabli. Bonaparte mentit à nos colonies comme à la liberté. La Martinique reçut un capitaine général, un préfet, un grand-juge. Les biens du clergé y étaient considérables, ils furent confisqués. Les magnifiques habitations de Saint-Jacques de l'Hôpital ne trouvaient pas d'acquéreurs, on les afferma. Plusieurs arriérés avaient été abandonnés aux contribuables par l'administration anglaise, Bonaparte les fit recouvrer ; des impôts inconnus dans la colonie furent établis, la perception s'en fit avec le sabre.

Ces rigueurs, encore ignorées dans une colonie qu'avait administrée la grande ame de

Louis XIV et le cœur paternel de Louis XVI,
étaient d'autant plus impolitiques, que l'Angleterre, après la conquête, y avait rétabli les
conseils coloniaux. Bonaparte semblait ne se
préoccuper des colonies que pour se hâter de
jouir de leurs dépouilles ; il ne savait pas comprendre que les colonies étaient pour un état
maritime et continental comme la France ce
que le soleil est à la terre qu'il vivifie.

L'erreur de Napoléon a été féconde en résultats déplorables. Depuis ce jour une désastreuse fatalité n'a cessé de poursuivre nos colonies. On dirait que le génie du mal s'est
acharné à la ruine de nos provinces d'outremer. Notre législation commerciale semble
toute faite pour appeler le déluge dans nos habitations coloniales. Il ne nous a pas suffi de
sextupler les droits sur les sucres coloniaux,
nous avons imposé la Guadeloupe quatre fois
plus et la Martinique cinq fois plus qu'avant la
révolution de 89. Frais d'administration militaire, de défense, de fortifications, des douanes,
des cultes, du génie civil, de la police, des tribunaux, toutes ces dépenses ont été mises à la
charge de nos colonies.

D'abord c'est la restauration qui, jugeant que les colonies avaient perdu le souvenir du contrat qui les unissait à la métropole, fait revivre les traditions d'une communauté d'origine, et renoue la chaîne des temps par le monopole réciproque. Une alliance se fait entre le sucre colonial et l'industrie métropolitaine. La métropole se fait la part du lion ; elle se réserve l'approvisionnement exclusif des colonies ; elle impose aux colons l'obligation d'acheter en France des produits que l'Angleterre et les Etats-Unis leur fourniraient à un rabais de 30, 40 et même 50 p. 100. Pour dédommager nos colonies d'une telle charge, le marché français fut réservé à leurs produits.

Nous rappelons ici ce contrat, ce monopole réciproque, sans en apprécier la portée économique ; nous citons le fait, sans nous préoccuper le moins du monde du débat entre le *laissez faire* des économistes et le régime prohibitif. Ce contrat est synallagmatique, obligatoire pour les deux parties contractantes. Voici comment la métropole a exécuté ce contrat.

Vous croyez que la restauration va avoir pour le monopole réciproque, pour son enfant

de prédilection, une tendresse de mère? point
du tout. La restauration elle-même viole la
clause qui attribuait au sucre colonial l'approvisionnement exclusif du marché français ; elle
se prend d'une belle sollicitude pour les sucres
de l'Inde et de Cochinchine, dont elle favorise
l'introduction par une réduction de taxe. Sous
ombre de protéger le commerce maritime et la
navigation de long cours, mais en réalité pour
remplir les poches de quelques cupides, ses
tarifs de douanes traitent ces sucres comme une
production nationale. Cette faveur s'étend bientôt jusqu'aux sucres de Saint-Domingue ; ces
sucres sont tarifés d'après les principes de
l'égale répartition de l'impôt, sans que la métropole se préoccupe de tenir compte au moins
du prix de revient, des prix de la nourriture,
des instruments, des animaux, de l'habillement
dans ces plantations ainsi favorisées.

Après des doléances multipliées, une manière de justice fut faite au sucre de nos colonies ; nos provinces d'outre-mer s'applaudis-
saient déjà de voir enfin la métropole entrer
dans la voie d'une exécution franche et loyale
du monopole réciproque. La betterave est venue

troubler les colons dans leurs rêves de bien-être et d'âge d'or. Examinons jusqu'à quel point sont légitimes les doléances nouvelles de la canne à sucre. Dans ce débat nous serons historien impartial.

CHAPITRE XII.

Le sucre indigène, le sucre de canne, le trésor et nos ports de mer.

C'est bien de la betterave qu'on peut dire surtout que de petites causes produisent souvent de grands effets. Cette plante, d'abord si humble, si modeste, fut transformée en sucre sous les auspices du régime continental. L'empire la vit longtemps humble comme la terre son origine; mais après des primes dispendieuses, après des expériences multipliées, quelquefois infructueuses, souvent ruineuses pour ceux qui y avaient consacré leur temps et leurs capitaux; après bien des vicissitudes, compagnes inséparables de toutes les grandes découvertes, la betterave sortit peu à peu du néant, et vit sa réputation grandir comme les victoires de l'empire.

Après 1830 surtout, le sucre indigène fit des progrès inattendus. L'exemption de tribut ne parut pas une imm. unité suffisante pour le sucre de betterave. On fit plus encore, et pour hâter le triomphe d'une plante qui menaçait de tout mettre à la réforme, on paralysa tout progrès dans la fabrication du sucre colonial.

La tyrannique et absurde loi du 26 avril 1833 ne s'est pas contentée de lever sur les sucres coloniaux dans leur état brut un impôt de 49 fr. 50 c. par 100 kilog. Les sucres terrés ont été frappés d'un droit de 77 fr.

Avant cette loi, la douane n'avait trouvé dans son vocabulaire que les sucres terrés et les sucres bruts; cette fois les habits verts possédèrent une qualification inconnue jusque alors; ils appellèrent bruts blancs des sucres à l'état brut mais d'une fabrication plus parfaite. Au lieu d'encourager par des primes ces sucres d'une fabrication meilleure et plus savante, cette loi les soumet à une surtaxe de 15 francs par 100 kilog.

Vainement les colons essaient-ils de s'écarter des vieilles méthodes de fabrication et de mettre leurs usines en harmonie avec nos machines à vapeur et nos chemins de fer; tandis qu'ils se livrent à des expériences coûteuses et qu'à l'aide de nouveaux appareils et d'ouvriers plus intelligens ils fabriquent un sucre d'une qualité plus parfaite, on leur fait payer comme terrés des sucres qui sont restés à l'état brut. Des teintes, des nuances plus ou moins brunes sont pour les colons ou les consignataires de sucres une source intarissable de procès, de pertes, d'amendes et de droits à payer.

Ce n'est certainement pas la faute de cette loi de 1833 si le sucre indigène n'a pas complétement exclu le sucre de canne du marché national. Avant 1833, le sucre de betterave n'entrait dans la consommation annuelle que pour dix millions de kilog.; en 1834, ce sucre est entré dans la consommation pour vingt millions ; en 1835, il a figuré pour trente millions de kilog.; en 1836, la progression a été encore plus forte ; en 1837, le sucre de betterave est entré pour plus de moitié dans la consommation totale du pays. Cette année, malgré l'imperceptible impôt de cinq centimes par kilogramme de betterave, le sucre indigène menace d'envahir le marché national.

Aussi, depuis l'idée étrange qui fit attribuer à la betterave une place si distinguée dans les éponymies du calendrier républicain, jamais cette carotte modeste n'avait joui d'une aussi haute considération que de nos jours. A l'heure qu'il est, la betterave est une puissance qui trône ; amis, poètes, orateurs, économistes, tout se presse autour de cette prospérité naissante.

De toutes parts vous entendez un chœur de bénédictions prophétiques. C'est à qui se fera courtisan prophète de la plante indigène. Voyez, disent les uns, comme la betterave se fait sucre. La betterave sera désormais un produit domestique. Le paysan le plus modeste plantera son sucre comme il sème son blé, les grands comme les petits mangeront du sucre. Grace aux progrès de la chimie, grace aux machines à vapeur, la betterave se multiplie comme les sables du désert.

D'autres, moins avides de bonbons, mais apôtres ardents des idées et des choses nouvelles, envisagent les destinées futures de la betterave sous de plus magnifiques proportions. A les entendre, la betterave n'est rien moins qu'une révolution qui se met en marche pour faire le tour du monde. Commerce, industrie, marine, tout va changer de face, tout

va suivre des voies encore ignorées. A la réforme les vieilles habitudes ! Voici la peinture
à l'huile qui va révolutionner l'art de peindre !
Voici l'imprimerie qui va donner aux intelli-
gences une éducation nouvelle ! Voici tout
un nouveau monde qui va changer la puissance des nations, leurs idées, leurs mœurs,
leurs habitudes, leur industrie et leur gouvernement !

A ce concert d'alléluia qui saluent dans l'a-
venir le sucre de betterave, nous voudrions
nous aussi mêler nos vœux et nos applaudissements. Mais cette révolution dont nous menace
la betterave va-t-elle bien ramener dans le pays
toutes les douceurs de l'âge d'or ? Peut-être
est-ce chose prudente de modérer ses sympathies pour une plante qui menace de tout mettre
à la réforme. Toutefois examinons les faits sans
prévention aucune, ne déduisant que de l'ob-
servation impartiale des vérités qui puissent être
utiles à la chose publique.

Tandis que les colons sont soumis aux charges d'un monopole qui leur impose l'obligation
de s'approvisionner sur le marché français,
tandis que leurs sucres bruts sont frappés d'un

droit de 49 francs 50 centimes, leurs sucres
bruts blancs d'un droit de 55 francs et
leurs sucres terrés d'un droit de 77 francs par
100 kilog; la betterave, avant la loi des sucres
votée dans la dernière session, jouissait de
toute immunité d'impôt. Cette exemption de
toute charge équivalait à une véritable prime
de 49 francs 50 centimes par 100 kilog. On
conçoit que, favorisée par une prime aussi
énorme, la betterave ait pu se présenter bientôt sur le marché français avec des formes
athlétiques.

Peut-être que le sucre indigène jouirait encore de toute exemption de tribut, n'était que
le trésor se fût aperçu que ce Pactole qui cou-
lait autour de la betterave tarissait les revenus du
fisc. C'est une justice à rendre au gouvernement
que, dans cette affaire de modification de tarifs,
ce n'est pas aux idées de droit, de justice, d'é-
galité d'impôt qu'il a cédé; c'est uniquement
pour faire rentrer dans ses coffres le déficit
que lui occasionnait l'extention si prodigieuse
du sucre indigène, qu'il s'est mis en mesure de
rendre justice au sucre colonial. Assistons à
l'historique de toutes ces modifications; nous

n'en comprendrons que mieux la situation respective du sucre indigène, du sucre des tropiques, du trésor et de nos ports de mer.

Les essais de tarification du sucre indigène dont il a été officiellement question dans nos chambres se réduisent à trois : le projet d'Argout, le projet Duchatel, le projet Lacave-Laplagne. Ce dernier a eu seul les honneurs d'une sanction législative. Examinons comment les chambres ont été conduites à sanctionner de leurs votes un palliatif aussi inefficace qu'impolitique.

Dès qu'il fut question du projet d'Argout, on était assez généralement d'accord sur la nécessité de modifier le tarif des sucres; mais comment modifier ce tarif? Ici commençait le nœud gordien. Un premier mouvement de justice eût conduit à proposer contre le sucre indigène un impôt équivalent au tarif qui frappait les sucres coloniaux; mais à la seule idée d'une si détestable taxation, tous les planteurs de betteraves se préparaient déjà à composer l'oraison funèbre de la plante indigène. La voilà qui se meurt! la voilà morte, et l'agriculture avec elle! Lamentations, éjaculations funéraires, tout le pathos du *miserere* était mis à contribution. Bon gré, mal gré, il fallut renoncer à l'abominable projet de lever sur la betterave un impôt équivalent ; il n'y avait qu'un gouvernement inhabile et peu soucieux des intérêts du pays qui pût concevoir l'idée de retirer au sucre indigène les encouragements dont l'avaient fait jouir les précédentes administrations. Au reste la betterave trouvait l'impôt chose assez juste, mais seulement lorsqu'il pesait sur cette méchante canne à sucre qui depuis quelque temps lui faisait tant d'insomnies, à elle pauvre betterave qui ne demandait pas mieux que de vivre en paix avec tous les voisins, prime sauve pourtant.

Ainsi, vous le voyez, on marchait à peine et déjà se multipliaient les difficultés. Le problème à résoudre était d'une solution assez difficile. Comment concilier les intérêts si divergents du sucre indigène, de la canne à sucre, du trésor et des ports de mer? Le trésor réclamait les millions dont l'appauvrissait la fortune rapide de la betterave, la canne à sucre demandait les débouchés qu'assure aux colonies le monopole réciproque qui lie l'industrie coloniale à l'industrie métropolitaine; les ports de mer, qui depuis sont officiellement intervenus pour qu'on n'accordât pas aux colonies la liberté du commerce, étaient encore en droit de faire entendre des doléances sur une immunité d'impôt qui appauvrissait le sucre colonial, et portait par suite une si grave atteinte aux relations du commerce maritime. La betterave réclamait le maintien de ses franchises, et loin d'être disposée à réparer le moins du monde le mal dont elle était la seule cause, elle excitait encore au désordre, elle faisait cause commune avec les philanthropes, elle diffamait les colonies, elle peignait les colons comme des ogres qui se jetaient sans pitié aucune sur les esclaves noirs; elle proclamait que les colonies avaient fait leur temps, et elle s'apprêtait à jeter du sel sur leurs habitations détruites.

Aidée de tout un monde de philanthropes et de partisans dévoués, la betterave eût peut-être échappé au régime des habits verts, mais par malheur pour le sucre indigène le trésor était en cause, il lui fallait ses millions de déficit. Ce fut pour faire rentrer ces millions que le trésor, après avoir consulté le conseil général de l'agriculture, du commerce et de l'industrie, essaya de son premier système de conciliation. M. d'Argout, alors ministre des finances, fut chargé de présenter à la chambre ce système de paix universelle.

Le moyen de conciliation était un impôt de 15 fr. par 100 kil. de sucre de betterave, ce qui avec le décime de guerre, toujours payé quoique en temps de paix, aurait produit 16 fr. 50 c. par 100 kilog. Ce projet de conciliation, loin de renvoyer tout le monde content, provoqua sur les bancs de la chambre un tumulte à ne plus s'entendre. Je ne sais quel diable tentateur avait porté le trésor à formuler dans son projet le mode de perception. Aussi les doléances de la betterave purent se produire avec un grand air de légitimité ; astreindre la betterave à ne respirer que par une seule ouverture, la priver d'air et de lumière, mais c'était la frapper d'une mort prématurée. Jusque-là le fisc avait bien imaginé de réglementer certaines industries de manière à ce qu'elles ne pussent entrer et sortir que par une seule porte, mais la fiscalité n'avait pas porté le beau idéal de l'invention jusqu'à condamner une industrie à

construire un pavillon pour loger les habits
verts à côté de ses usines, pour y nourrir, chauf-
fer, éclairer des inspecteurs chargés de la re-
garder tout le jour de fort mauvais œil. Aussi
la betterave n'eut rien de mieux à faire pour
écarter le projet de conciliation que de dire
qu'on voulait la transformer en architecte assez
intelligent pour construire des palais, des villa-
Orsini où les soldats du fisc pussent mener vie
joyeuse et bonne.

Rien ne tue comme le ridicule en France,
et le ridicule tua le projet de conciliation. Man-
geurs de sucre indigène, planteurs de betteraves, toute la camaraderie de la betterave,
tous ceux qui avaient avec la betterave des rapports d'estime ou de confraternité, s'étaient
barricadés contre le projet de taxation. Ce n'é-
tait plus une insurrection calme et modérée
comme dans les séances où coulèrent les pleurs
de la soie et où se firent entendre les lamentations du calicot; cette fois-ci c'était une autre
édition du Tohu-Bohu.

Au reste, ce projet de conciliation avait si peu
le caractère d'une paix universelle, qu'il n'était
pas jusqu'au fisc qui ne fût en droit de trouver

14

détestable, diabolique, ce tarif de conciliation.
Ces 16 fr. 50 c. ne pouvaient pas combler le déficit du trésor. Ce déficit n'était pas de 16 fr. 50 c.,
mais bien de 49 fr. 50 c. par 100 kilogrammes.
La betterave entrant alors pour quarante millions dans la consommation annuelle, le déficit
était égal à l'impôt que le fisc eût prélevé si ces
quarante millions avaient été fournis par les
colonies. Imposer à la betterave un droit de
16 fr. 50 c., c'était laisser encore un déficit de
49 fr. 50 c., moins 16 fr. 50 c., par 100 kilogrammes de sucre de betterave. Ce n'était donc
pas tant le cas pour le trésor de faire sonner
les cloches et de faire chanter un *Te Deum*.

Quoi qu'il en soit, et malgré l'allégresse prématurée du fisc, le projet de conciliation fût
écarté aux grands applaudissements de la betterave, mais la canne à sucre avait de trop
graves motifs de mécontentement pour ne pas
faire entendre des doléances nouvelles.

« Je suis aussi nationale, aussi indigène,
» disait-elle, que la carotte de betterave ; par-
» tant n'ai-je pas droit à une égale protection?
» L'égale répartition des charges est un axiome
» de votre droit public. Si jamais sucre au

» monde eut droit à des primes et à des privi-
» léges, c'est bien le sucre que je produis. De
» quelle immense utilité ne suis-je pas pour
» l'état? Chaque année onze cent quatre- vingt-
» dix navires français sillonnent l'Océan pour
» me transporter sur le marché national ou
» pour alimenter mes besoins dans les co-
» lonies. Cette marine marchande, dont je
» nourris l'activité, est pour vous une pépi-
» nière de matelots, d'où vous tirez vos Jean-
» Bart et vos Duguay-Trouin. Je suis le
» pain qui nourrit votre commerce maritime
» et vos industries, car ne suis-je pas la prin-
» cipale richesse des colons ? Par moi, les co-
» lons peuvent acheter exclusivement sur le
» marché français des objets de consomma-
» tion que l'Angleterre ou l'Amérique leur
» fournirait à un rabais de 25, 30 et même
» 40 pour 100. Farines, farineux alimentaires,
» graisses, cuirs ouvrés ou préparés, le colon
» vous achète tout à des prix magnifiques.

»La protection impolitique que vous avez ac-
» cordée à la culture de la betterave porte au-
» jourd'hui ses fruits. Le sucre indigène présen-
» tant les chances d'une fortune rapide, les meu-

» niers se font planteurs de betteraves ; les épis
» de blé se transforment en carottes de sucre.
» Qu'une guerre arrive, qui vous assiége dans
» votre royaume comme dans un donjon ; pas
» de blé chez vous, pas de blé venant du de-
» hors. Dînerez-vous avec du sucre de bette-
» rave? Vous n'avez que peu de blé, et chaque
» jour ce blé vous est enlevé par la carotte de
» betterave. Supputez la farine employée à
» faire l'amidon, la colle, la poudre à pou-
» drer, et vous reconnaîtrez tout ce qu'il y a de
» raison dans cette parole que j'entendis sou-
» vent répéter par un nègre de nos colonies ,
» grand lecteur du *Contrat social* : Il faut de
» la poudre à vos perruques , voilà pourquoi
» les pauvres n'ont pas de pain.

» Quelle étrange aberration vous a fait dé-
» créter à la betterave un brevet de nationalité!
» Avez-vous donc oublié que jadis un roi
» d'Angleterre jeta cette carotte sur la face du
» premier consul, accompagnant cette po-
» litesse du mot devenu célèbre : Va te
» faire sucre! Vœu bien digne de l'envieuse
» Albion! Va te faire sucre ! Oui, car en deve-
» nant sucre , tu détruiras la canne des tropi-

» ques, tu réduiras à la mendicité les colons
» français, tu anéantiras le commerce mari-
» time de la France, tu priveras l'industrie
» française de débouchés certains et nécessaires.
» Va te faire sucre! et bientôt la France sans
» colonies, sans commerce maritime, sans in-
» dustrie et sans marine, deviendra elle-même
» une colonie anglaise, une succursale des trois
» royaumes réunis. »

C'est ainsi que la canne à sucre célébrait à
sa manière l'apothéose du sucre indigène. Sans
doute il y avait dans ce panégyrique bien des
paroles de mauvaise humeur ; mais la canne à
sucre, il faut en convenir, avait abordé le terrain
sur lequel il convenait de se placer pour vider la
bataille. Dans le débat engagé entre la canne à
sucre et la carotte de betterave, les uns sont
intervenus comme si la question à résoudre
était celle-ci : Mangerons-nous du sucre de
betterave ou du sucre de canne ? D'autres n'ont
envisagé le débat que sous un rapport pure-
ment financier. Pourtant il y avait là bien autre
chose qu'une question de bonbons ou de chiffres. Il s'agissait de savoir si nous conserverions
les quelques colonies qui nous restent, si la

France, qui par sa constitution physique est
une puissance tout à la fois continentale et maritime, aurait une marine et des arsenaux; si
nos industries seraient privées de débouchés
certains et nécessaires, si nos escadres pouvaient exister sans commerce maritime, et si le
commerce maritime lui-même, dans un pays
qui a la situation géographique de la France,
pouvait prospérer sans colonies. Là était toute
la question.

CHAPITRE XIII.

Le projet Duchatel et la loi Lacave-Laplagne.

Il est à regretter qu'au lieu de chercher à
concilier les divers intérêts que mettait en présence l'impôt sur les sucres, la chambre, dans
la dernière loi, n'ait donné au problème qu'une
solution exclusivement fiscale.

Ce n'était pas la peine d'écarter le projet de
M. Duchatel. Puisque la chambre voulait une
loi écrite avec une plume de publicain, d'habit
vert, ee projet, malgré toutes ces apparences
de réduction d'impôt, avait surtout ce caractère d'une combinaison fiscale. Réduire le tarif
des sucres exotiques dans des proportions relativement plus fortes que celui des sucres coloniaux, afin de parvenir par cette double réduction à une consommation plus grande qui
augmentât non pas les profits de la betterave,
mais bien les recettes du fisc ; déguiser des vues
de lucre par des dispositions favorables, les
unes en réalité, les autres en apparence, aux

sucres coloniaux et à la carotte de betterave ,
tel était le projet Duchatel.

La commission avait considérablement modifié ce projet. Elle avait augmenté de cinq
francs la surtaxe proposée sur les sucres exotiques. Par cet amendement la commission voulait surtout porter le dégrèvement sur les sucres
exotiques à un taux proportionel au dégrèvement demandé au profit des sucres coloniaux.
La proportion eût-elle été même observée dans
le projet, le sucre colonial aurait pu encore
réclamer contre une combinaison de chiffres qui
ne prenait pas pour base, la différence dans
les frais de fabrication des sucres.

Avant de toucher à un dégrèvement sur les
sucres exotiques , il fallait surtout comparer les
prix de revient dans les colonies étrangères
avec ceux de nos colonies ; il fallait tenir compte
dans ce calcul de la différence numérique dans
la valeur de l'argent. Le ministère venait affir-
mer que sur tous les marchés le sucre se ven-
dait au même taux ; mais ce n'était là qu'une
pure assertion produite sans preuves aucunes.
On ne disait rien au reste sur le prix de la
nourriture, des animaux, de l'habillement, etc.,

dans le Brésil et nos colonies. On ne nous faisait nullement connaître quelles étaient, pour les pays à sucres, les circonstances physiques et morales qui influent sur les frais de production.

Le dégrèvement, tel qu'on le proposait sur les sucres exotiques, ne tendait à rien moins qu'à livrer le marché national aux sucres de l'Inde et de Cochinchine. Si une grande différence n'existe pas entre les droits imposés aux sucres français et ceux qui atteignent les sucres exotiques, chaque crise politique, dont nos temps si mauvais surabondent, exposerait nos ports à l'envahissement des sucres étrangers. En Angleterre la différence des droits est si sagement calculée, qu'aucun événement quelconque ne pourrait faire entrer une livre de sucre exotique de plus pour l'approvisionnement de son marché.

Si le projet Duchatel avait surtout le défaut d'être une combinaison fiscale, il faut convenir qu'il avait du moins le mérite de proposer l'abrogation des dispositions législatives de 1833 sur les sucres bruts blancs. Cette nuance de sucre eût été effacée du vocabulaire fiscal;

la surtaxe de 15 fr. par 100 kilog. aurait disparu complétement du tarif des douanes, si la commission n'était venue paralyser les bonnes intentions du gouvernement en réduisant la surtaxe de 15 fr. à 5 fr. par 100 kilog.

En proposant de renvoyer au 1ᵉʳ janvier 1838 l'abolition partielle, circonspecte et peureuse de la surtaxe qui frappe les sucres bruts blancs, la commission fit perdre de vue à la chambre les motifs qui avaient présidé à l'abrogation des dispositions de la loi de 1833, relatives à cette nuance de sucre. Il s'agissait bien moins d'une réduction de surtaxe que de la suppression de toute surtaxe qui, quelque modique qu'elle pût être, aurait toujours été la source des inconvénients dont nous avons déjà parlé.

La loi Lacave-Laplagne n'a pas sanctionné ce projet d'abolir une surtaxe qui paralyse l'industrie coloniale, qui perpétue dans un état de malaise et de souffrance l'agriculture, l'industrie et le commerce. Cette loi laisse tellement derrière elle l'esprit de fiscalité qui caractérisait le projet Duchatel, qu'elle n'a pas osé vouloir de la maxime d'Hésiode : Vaut mieux souvent la moitié que le tout; elle a préféré le tout à la moitié, et sans vouloir entendre à cette idée qu'une réduction des tarifs augmenterait la consommation et par suite les droits du trésor, la loi Lacave-Laplagne a repoussé tout système de dégrèvement, pour ne s'attacher qu'aux moyens d'organiser l'impôt contre la betterave.

Si avec l'impôt on avait combiné le dégrèvement du tarif qui frappe le sucre colonial, cette double mesure aurait été un palliatif efficace pour quelques années encore; mais le tarif des sucres, tel qu'il a été modifié, ne laisse pas même aux colons la possibilité de couvrir leurs frais de production. Examinons les chiffres.

Un noir peut planter et entretenir dans une année 8,314 ares de terre, produisant, valeur moyenne, 2,187 kil.; on sait que le planteur donne au sucrier fabricant la moitié de ce produit pour les frais de fabrication; le travail d'un noir produit donc au planteur 1,093 kil. de sucre. Pour cette production, voici les prix de revient:

La valeur moyenne d'un noir valide, à

Bourbon, est aujourd'hui de 2,000 fr. dont l'intérêt au taux le plus bas dans le pays est de 10 pour 100.   200 fr.

La mortalité et la perte annuelle de valeur ne peuvent être établies à moins de 5 pour 100.   100

Les frais de médecin et de pharma-
cie à moins de   15

de nourriture   150

d'habillement   25

Loyer annuel des 83,11 ares   105

Achat et réparation d'instruments d'agriculture   15
                                        ______

                     Total 610 fr.

Puisque 1,093 kil. coûtent 610 fr. de production, il n'y a plus à faire qu'une simple règle de proportion pour trouver que 50 kilog. de sucre donnent 27 fr. 90 cent. pour prix de revient.

Or, à l'heure qu'il est, la belle quatrième, déduction faite des droits de douane, ne donne à Bordeaux pour produit net que 24 fr. par 50 kil.; une simple soustraction de chiffres nous indique qu'il y a pour le colon une perte de 3 fr. 90 c. par 50 kilog., et remarquez encore que nous raisonnons dans l'hypothèse où la production coloniale est le plus favorisée par la nature; nous n'avons nullement fait entrer en ligne de compte les mauvaises récoltes, les ravages des coups de vent, etc.

Cette situation désespérée de nos colonies ne saurait se perpétuer; pour secourir leur détresse on propose tantôt un impôt sur le sucre indigène, tantôt un dégrèvement sur le sucre colonial. Mais l'impôt sur le sucre indigène, comme le dégrèvement sur le sucre des tropiques, ne saurait apporter aux souffrances des colonies qu'un remède inefficace pour l'avenir. Ces mesures précaires, si l'impôt, si le dégrèvement ont quelque importance, placeront bien les colonies dans des conditions meilleures, mais le sucre indigène ne s'arrêtera pas ; il marchera toujours comme le Juif errant ; dans deux ans, dans un an peut-être il aura envahi le marché national ; ce sera toujours à recommencer entre la canne à sucre et la carotte de betterave. La difficulté n'aura pas été résolue, elle n'aura été qu'ajournée ; on aura soulagé le présent, pour

se charger dans l'avenir d'embarras plus graves
encore.

Ce ne serait pas faire assez que de rendre à
peu près égales les conditions de la vente pour
les deux sucres, ou que de trouver le moyen
de combler de déficit du trésor; ce ne serait
donner au problème qu'une solution éventuelle;
il faut chercher ailleurs les bases d'une combinaison définitive. Ne serait-il pas possible aujourd'hui de les rencontrer en modifiant le système commercial qui régit nos colonies?

Car enfin les idées de justice, d'égalité d'impôt s'effacent devant les prétentions exagérées
de la betterave. Si la métropole ne peut plus
exécuter le monopole réciproque qui lie l'industrie coloniale à l'industrie métropolitaine,
il serait par trop tyrannique d'imposer aux colonies les charges de ce contrat synallagmatique, alors qu'elles ne jouiraient pas des clauses
qui leur sont favorables.

Tous les projets de loi qui ont été présentés
aux chambres pour modifier le tarif des sucres,
toutes les discussions que ces projets ont pro-
voquées, démontrent chaque jour à nos colonies qu'il n'y a de remède possible à la cata-

strophe qui les menace que la liberté du commerce.

Vous répétez sans cesse dans vos conversations parlementaires que nos colonies sont onéreuses au pays. Que n'abandonnez-vous donc
nos colonies à leur propre destinée? Laissez-les
s'approvisionner et exporter directement leurs
produits sur les marchés de leur choix, ouvrez
leurs ports à la liberté du commerce, et la farine,
le riz, le merrain, la morue des Etats-Unis y
afflueront avec profusion; l'Angleterre remplira
leurs magasins de quincaillerie et de cotonnades; les Américains, qui, placés sur le banc de
Terre-Neuve, n'ont qu'à se pencher pour prendre la morue, la fourniront à bas prix à nos
colonies émancipées.

Les colonies sont en péril! Les délibérations
du conseil général de l'agriculture, du commerce et de l'industrie, dont vous invoquez les
oracles avec une sollicitude que nous voulons
bien croire sincère, ne produiront jamais pour
nos colonies qu'une ombre de consolation que
la brise du matin aura dissipée. Une protection
loyale et prompte, réelle et efficace, peut seule
prévenir la ruine qui menace nos provinces
d'outre-mer.

Faut-il donc redire encore que nos colonies sont essentiellement liées à la prospérité de la métropole? Par sa situation géographique, la France n'est-elle donc pas une puissance tout à la fois continentale et maritime? N'est-ce donc pas dans ses relations coloniales que la France assure à ses industries des débouchés certains et nécessaires ; qu'elle forme ses matelots, ses Dugay-Trouin et ses Jean-Bart? En temps de paix nos colonies servent d'entrepôts à nos produits exportés ; elles offrent leurs ports à nos escadres en temps de guerre.

Toutes les considérations politiques se réunissent pour nous porter à modifier le système de nos relations avec nos colonies. Il faut que les métropoles le comprennent enfin. A côté des grands états qui se sont improvisés dans le Nouveau-Monde, l'Europe ne peut plus peser sur ses colonies, la sujétion coloniale ne saurait se perpétuer ; désormais le gant est jeté : nos colonies ont dit leur dernier mot : Justice ou liberté du commerce !

CHAPITRE XIV.

De la liberté du commerce et du système prohibitif envisagés surtout dans leurs rapports avec les colonies.

Disons d'abord que les apôtres ardents du *laissez-faire*, du *laissez-passer*, comme les partisans exclusifs de l'esprit réglémentaire, du système prohibitif, se produisent toujours au public comme ne sachant parler d'autre langue que celle des faits. Mais en économie industrielle comme en politique, c'est chose généralement reçue de ne tenir compte des faits positifs et d'application que dans la préface du livre. A part cette concession faite à la forme et par manière d'acquit, la théorie presque toujours pose ses bases, comme si l'édifice approprié au climat brûlant des tropiques pouvait également convenir aux zones glacées des deux pôles.

Cette méthode, si elle n'est pas la plus féconde en résultats utiles, est du moins la plus commode et la moins embarrassante pour la paresse naturelle de l'esprit. Dès qu'il ne

15

s'agit que de faire de la théorie dans le silence du cabinet, de formuler une autre déclaration des droits de l'homme, de trouver comme en algèbre une formule générale pour la solution de tous les problèmes d'une même famille, point n'est besoin de grands efforts de temps et d'intelligence pour rompre le nœud gordien. La difficulté n'est point de savoir qui doit être préféré de la liberté ou de la servitude. A l'heure qu'il est, on n'a pas de grands frais d'esprit à faire pour établir que la nature des industries comme des sociétés est une tendance vers les idées de progrès et de liberté, et que le système prohibitif doit être un moyen pour arriver au régime du *laissez-faire*, du *laissez-passer*.

Ce n'est pas que le principe de la liberté du commerce soit cosmopolite de sa nature. Vouloir appliquer à telle industrie, à telle province coloniale, tel régime dont il a été fait une heureuse expérience pour telle autre industrie, ce serait prétendre soumettre des maladies hétérogènes à la même méthode de guérison. En industrie, en colonisation, comme en médecine, la panacée est aussi rare que la pierre philosophale.

La liberté du commerce doit être surtout une mesure de convenance, de temps, d'opportunité. Vouloir régenter toutes les industries par la même loi, sans tenir compte de toutes les circonstances de temps, de lieux, de progrès, de situation politique, etc., n'est-ce pas faire de son régime universel, de sa petite méthode de salut, un lit de Procuste où l'on torture toutes les industries, les allongeant ou les raccourcissant, les amputant ou les tiraillant jusqu'à ce que la proportion soit complète ?

Montesquieu a écrit quelque part : La liberté a paru insupportable à des peuples qui n'étaient pas accoutumés à en jouir. C'est que pour les meilleures lois les esprits doivent être préparés. Le tribunal de Varus fut une innovation jugée abominable par les Germains, et si nous en croyons Tacite, ces peuples coupaient la langue des avocats, accompagnant cette mutilation du verbe de la sanglante ironie : Vipère, cesse de siffler. Il en est des industries comme des peuples. Pour elles, la liberté ne doit pas surgir, comme la Minerve du cerveau de Jupiter, casque en tête et lance au poing. La liberté ne doit pas naître pour l'industrie, c'est l'industrie qui doit naître à la liberté insensiblement et sans que cela paraisse.

Voilà notre programme. Nous ne saurions vouloir d'une liberté sans limites, plus hostile que favorable à nos industries, plus profitable à l'étranger qu'au pays. Nous voulons d'une liberté sage, prévoyante, progressive, faisant la plus faible part possible au système prohibitif, substituant avec réserve l'esprit de concurrence au système protecteur. Pour nous, la liberté du commerce doit être la solution de ce problème : trouver un système de douanes qui répande la plus grande somme de prospérité dans nos industries agricoles, manufacturières et commerciales.

Ce problème n'est pas si difficile à résoudre qu'on pourrait le croire au premier abord. Déjà les bases de la solution ont été posées, dans la dernière enquête commerciale, par la chambre de commerce du Havre. Avant de lever les prohibitions qui subsistent dans nos tarifs, la condition première à remplir, ce serait de placer les fabricants, autant que cela dépend du gouvernement, dans une situation semblable à celle de leurs concurrents, par l'abaissement des tarifs sur les matières premières.

Nous oublions trop en France tout ce que notre commerce maritime eut à souffrir de cette politique étroite et anti-sociale qui avait organisé le blocus continental. Les gouvernements qui ont succédé à l'administration impériale ne se sont pas toujours assez écartés d'un système dont nos villes maritimes firent les frais les plus considérables; souvent même ces gouvernements ont donné à ce système une extension qui n'entrait certainement pas dans les vues de l'empire.

De quelque importance que fût pour l'agriculture, l'industrie, le commerce intérieur et maritime, l'introduction libre des fers, de la quincaillerie et de la houille, tous ces articles ont été frappés de droits prohibitifs. Il n'est pourtant pas une seule industrie, pas même celle des maîtres de forges, qui n'ait le plus haut intérêt à ce que le fer et la houille soient portés au prix le plus bas ; car le fer et la houille sont le pain de l'industrie, la matière première de toutes les matières premières.

La dernière enquête commerciale semblait avoir pour but avoué de disperser les funestes débris du système continental. Dans cette mémorable enquête, tous les intérêts ont été

consultés. Les industries sont venues disputer
autour du système prohibitif et de la liberté du
commerce. La mauvaise foi des uns, l'ignorance des autres, les opinions contradictoires,
les chiffres enflés outre mesure ou dissimulés
avec artifice, tout a été mis à nu. Nos ports de
mer, par l'organe de leurs chambres de commerce, ont fait justice du système prohibitif et
de ses lieux communs. Au milieu de toutes ces
interminables réponses en trois volumes in-4°
une vérité a été acquise pour le pays, c'est que
les vicissitudes qui, depuis dix ans, ont successivement tourmenté le commerce et l'industrie,
ne rendent plus possible en France le triomphe
exclusif du système protecteur. Ce système a
fait son temps ; les prohibitions ne sont plus
que de misérables ingrédients de serre-chaude,
qui, selon l'heureuse expression d'un écono-
miste, ne sauraient donner à nos fabriques
qu'une existence factice et une physionomie
étiolée.

Pour écarter les doléances si légitimes de nos
ports de mer contre le système prohibitif, nos
fabricants n'ont trouvé rien de mieux à dire,
sinon que nos villes maritimes étaient elles-

mêmes filles du système protecteur. Cet argument ne prouve qu'une chose, c'est que le système prohibitif n'est pas un principe perni-
cieux par lui-même, mais qu'il peut le devenir
par une application inopportune.

Si nos villes maritimes combattent le système prohibitif que nous a légué l'empire, ce
n'est pas seulement parce que ce système leur
est funeste, mais encore et surtout parce qu'il
est funeste au bien-être des classes pauvres,
funeste aux intérêts généraux du pays, funeste
au développement de l'agriculture, de l'industrie et du commerce.

Chaque pays possède des avantages particuliers à son climat, à sa position géographique,
à l'intelligence de ses habitants; ces mêmes conditions de sa personnalité constituent ce pays
dans une situation moins favorable sous le
rapport des ressources territoriales et des apti-
tudes naturelles qui sont les attributs d'un autre pays.

Il y a entre les peuples un besoin d'échanges
réciproquement senti. Faire du système prohibitif sans consulter cette position respective des
peuples, c'est paralyser ce besoin d'échanges ;

c’est placer entre les états ces mêmes barrières qui séparaient autrefois nos provinces entre elles ; c’est oublier que la France dut la lenteur de ses progrès en industrie et en commerce aux priviléges, aux prérogatives de certaines provinces, aux droits de ferme et de passage qui, sous l’ancienne monarchie, tenaient isolées les unes des autres toutes les parties du territoire. Conserver le système prohibitif tel qu’il se comporte aujourd’hui, c’est ne pas s’apercevoir que la civilisation conduit les peuples à l’émancipation commerciale, c’est enrayer le progrès de notre industrie agricole et manufacturière, c’est ne pas vouloir que le pays soit plus riche et plus heureux, c’est s’opposer à ce que l’intelligence lui arrive sous les formes les plus variées et que les produits de la nature lui soient apportés en quantités plus considérables ; c’est perpétuer entre le nord et le midi de la France, entre le nord qui est essentiellement manufacturier, et le midi qui est forcément importateur, de petites guerres de rivières et de clochers.

Il y a quelques mois à peine que la chambre de commerce de Bordeaux n’épargnait pas au système prohibitif les paroles aigres-douces dans un certain mémoire adressé à M. le ministre de l'agriculture, du commerce et des travaux publics. Un journal spécial apparut même, qui se fit l'organe des griefs et des doléances du midi contre le nord de la France. Le programme du nouveau journal était nettement tracé ; il ne s'agissait de rien moins que d'une guerre à mort contre les monopoles et les prohibitions. Le nord était menacé d'une coalition dans la presse et dans la chambre. Si l'égalité des avantages sociaux n'était pas acquise au midi de la France, la coalition voterait contre les canaux, les routes, les chemins de fer que le nord faisait déjà construire en espérance.

Après une pareille ardeur contre les monopoles et les prohibitions, nous étions bien loin de nous attendre à voir les ports de mer briser de sitôt ce qu'ils avaient adoré, pour adorer ce qu'ils avaient brisé. Hier c'était une croisade contre les monopoles ; et aujourd'hui c'est un manifeste contre le plus odieux des monopoles, le monopole colonial qui se refuse à exécuter les clauses favorables aux colonies pour ne leur laisser que l'obligation des charges.

Nous savons toutes les raisons d'intérêt que les ports de mer ont à demander le maintien des charges qui pèsent sur nos colonies ; mais nous ignorons encore quels motifs légitimes on peut avoir pour sacrifier ainsi les idées de droit et d'équité. Si la liberté du commerce est une question de temps, la justice est éternelle, son opportunité est de tous les jours.

Chacun, dans ce monde, tire la nappe de son côté ; l'intérêt du moment fait oublier les lois de la justice et de l'équité. Tel est l'entraînement du *moi* dans toutes ces querelles d'économie politique auxquelles nous assistons, que nous voyons les adversaires les plus ardents du système prohibitif se constituer les apôtres de ce système dès que leur intérêt n'est plus la liberté du commerce. Cette transformation est fréquente dans le camp de la liberté, comme dans celui du monopole. Selon que l'intérêt le commande, on devient tour à tour disciple de Mahomet, ou pauvre pélerin cheminant vers la terre sainte.

On s'est cependant montré bien injuste envers les colons, quand on les a accusés de s'être toujours constitués les champions du système prohibitif. Cette accusation est plus spécieuse que légitime. Ici, encore, on ne tient aucun compte des faits. On perd de vue que le contrat qui stipule le monopole réciproque a été imposé aux colonies par la métropole. Nous l'avons déjà dit, les colonies ne peuvent s'approvisionner que sur le marché français; elles achètent sur ce marché des produits que l'Angleterre et les Etat-Unis leur fourniraient à un rabais de quarante et même cinquante pour cent. Mais, si nos colonies offrent à la métropole des débouchés si magnifiques, celle-ci s'est obligée à consommer les produits coloniaux. De là, contre les sucres exotiques, des tarifs assez élevés pour équivaloir à une prohibition. Placées sous le joug des charges que leur imposait un contrat synallagmatique, nos colonies ont toujours demandé l'exécution loyale des clauses qui leur étaient favorables. C'était là bien plus faire du droit que du système prohibitif. Nos colonies n'avaient pas à s'occuper de la querelle des économistes avec les monopoles et les priviléges; elles n'avaient pas à décider qui trônerait sur la terre de Turgot ou de Forbonnais, du laissez-passer ou des prohibitions.

Le jour où, grace à toute exemption de tárif, le sucre de betterave a compromis la réciprocité du monopole qui lie l'industrie coloniale à l'industrie métropolitaine, nos provinces d'outre-mer ont réclamé des modifications à introduire dans leur régime commercial. C'était là demander justice, bien plus que faire du *Turgot*.

Sans doute avec les modifications que pourraient apporter le temps, l'espace, les circonstances physiques ou politiques, chacun de ces deux systèmes peut être d'une application utile. Aussi, tant qu'elles ont espéré ramener la métropole à l'exécution fidèle du monopole réciproque, nos colonies ont réclamé contre les sucres exotiques l'exclusion, ou le maintien ou la surtaxe des tarifs; aujourd'hui que le monopole réciproque n'est plus possible, c'est la liberté du commerce qu'elles invoquent comme la seule planche de salut.

Il y a deux ans qu'une pétition fut adressée par les délégués des colonies aux ministres de la marine, du commerce et des finances. Cette pétition, remarquable par la convenance de sa forme, insinuait que, s'il n'était promptement

fait droit aux doléances légitimes des colonies,
nos provinces d'outre-mer ne pourraient plus
trouver de salut que dans la liberté du commerce.

Pour tous ceux qui s'étaient accoutumés à ne
voir dans les colons que les avocats du système
prohibitif, ce langage du *laissez-faire* et du
laissez-passer parut quelque chose d'assez étrange ; on s'étonna fort ; bientôt de la surprise on
tomba dans le doute. On se refusait à voir dans
les délégués des mandataires fidèles. L'ulti-
matum de leur pétition serait sûrement révisé
par les colonies elles-mêmes. On montrait déjà
en espérance les protestations des colonies ;
mais par malheur les colonies elles-mêmes ne
tardèrent pas à demander, par l'organe de leurs
conseils coloniaux, la liberté du commerce, la
liberté de s'approvisionner et de porter leurs
produits sur les marchés de leur choix.

Pour rompre avec leur passé, pour s'abandonner ainsi aux chances périlleuses d'une
aventureuse liberté, il faut que les colonies
aient une conscience bien profonde de leur
misère et de leur situation désespérée. En présence du péril qui menace leur existence, c'est

un devoir pour tout bon citoyen de rappeler aux souvenirs de la métropole les traditions de famille qui unissent nos colonies à la mère patrie.

Qu'on ne vienne pas nous dire que nos colonies ne sont pas provinces françaises. La patrie ne serait-elle donc que sur le continent? Le pays jadis n'était-il donc pas dans toutes ces provinces d'Amérique et des Indes orientales où nos pères avaient arboré leurs pavillons? Alors, quand l'Angleterre envoyait avec timidité vers l'Amérique du nord quelques colonies honteuses de leur petit nombre, la France s'étendait gigantesque sur la vallée du père des eaux; elle prenait possession de ce fleuve de St-Laurent, auprès duquel le Rhin n'est plus qu'un ruisseau modeste. Alors nos fortifications superbes s'élevaient sur le rocher à pic de Quebec; nous bâtissions Montréal; la Nouvelle-Orléans, St-Louis, les riches plaines de l'Illinois étaient sous notre domination. Au fort Duquesne (maintenant Pittsburg), à Détroit, à Chicago, à Kingston, à Vincennes, à Finconderoga, Michillimackinac, au fort de Chartres, à Peoria, à Saint-Jean, au Canada et dans la

Louisiane, partout où flottait le drapeau national, là était le pays, là était la France.

En réclamant aujourd'hui la liberté du commerce, les colons ne se dépouillent en aucune manière de ce patriotisme dont ils ont donné tant de preuves dans les circonstances les plus périlleuses. C'est surtout des habitants de nos colonies qu'on peut dire ce qu'Horace appliquait aux navigateurs : en changeant de ciel, ils n'ont pas changé de sentiment (1). Aussi dans leurs doléances nouvelles nos colonies n'obéissent à l'influence d'aucune pensée hostile aux intérêts métropolitains, mais elles demandent justice ; leur situation ne peut plus se perpétuer sans péril pour leur existence.

Avant de prendre parti pour ou contre la liberté du commerce que réclament nos colonies, écartons un moment tous les lieux communs qui ont été développés à satiété au profit du système protecteur ou pour le compte du *laissez-faire*, du *laissez-passer*. Faisons table rase dans notre intelligence pour ne développer d'autre théorie que celle des faits. C'est la plus

(1) *Cœlum, non animum mutant qui trans mare currunt.*
HORAT. lib. II, Epist.

sûre méthode pour imposer silence aux préjugés
et à l'erreur. Les colonies ont fait l'expérience
de la liberté comme de l'esprit réglémentaire ;
sous ce rapport on peut dire qu'il n'y a rien de
nouveau sous le soleil ; comparons les résultats ;
jugeons de l'arbre par ses fruits.

CHAPITRE XV.

La Grèce coloniale.

Les Grecs, qui ont contribué au progrès de la philosophie et des sciences exactes, qui nous ont laissé dans les arts de si beaux modèles, nous ont transmis aussi d'excellentes poétiques dans la science qui dirige la fondation des colonies. L'esprit qui présida à leurs établissements coloniaux prouve leur intelligence du négoce et la supériorité de leurs vues sur la pratique du commerce.

On a écrit que les colonies de la Grèce jouissaient dès leur origine d'une complète indépendance. Cette erreur historique a rencontré de nombreux éditeurs ; on a copié les livres, sans trop se préoccuper de l'exactitude des faits.

Quand on a parlé de la liberté et de la souveraineté des colonies grecques, on n'a pas eu sans doute en vue la colonie d'Héraclée que gouvernaient les Lacédémoniens, sous le rapport civil comme sous le rapport militaire ; on

16

n'a pas voulu sans doute parler de ces magistrats que la métropole envoyait dans cette colonie avec des pouvoirs si arbitraires, que leur
tyrannie rendit cette colonie déserte.

Héraclée n'était pas la seule colonie soumise
à un régime de serre-chaude. Les Lacédémoniens, fondateurs d'une colonie dans la petite
île de Cythère, y envoyaient tous les ans pour
rendre la justice un de leurs citoyens dans les
attributions duquel même rentraient d'autres
pouvoirs que le pouvoir judiciaire. Les Corinthiens en usaient de même à l'égard de Po-
tidée où ils faisaient passer tous les ans des magistrats qui portaient le nom d'Epidémiurges.
Sinope, métropole des villes de Cottycire, de
Cérasonte et de Trapezonte dans le Pont, reti-
rait un tribut annuel de toutes ces colonies.
Egine, fondée par la ville d'Epidame, relevait
des tribunaux Epidamiens où ses procès étaient
jugés en dernier ressort.

On n'ignore pas non plus avec quel esprit
inquisitorial les Athéniens réglementaient la
petite île de Délos ; défense était faite aux femmes enceintes de demeurer à Délos, lorsque
leur terme approchait, et aux Déliens d'y en-

terrer leurs morts. Thucydide parle même de purifications publiques à la suite desquelles les Athéniens firent enlever tous les tombeaux dans l'île de Rhené qui devint ainsi la sépulture commune des Déliens. Les Déliens furent même expulsés comme impurs, puis rappelés. Les jeux Déliaques furent institués pour célébrer le jour commémoratif du retour des Déliens dans leurs foyers. On sait d'ailleurs qu'Athènes avait fait de Délos la caisse générale de la Grèce.

Ce n'étaient là, il est vrai, que des droits particuliers dont jouissaient certaines métropoles. Mais le droit commun qui régissait les relations des colonies avec les villes mères ne consacrait pas moins des prérogatives qui attribuaient à toutes les métropoles un droit de suzeraineté. Aux jours du péril, la métropole était en droit d'exiger de ses colonies des secours proportionnés à leurs forces. Au premier signal, c'était un devoir pour les colonies de joindre leurs troupes aux troupes métropolitaines ; et non seulement d'ouvrir leur territoire, leurs ports, aux flottes, aux soldats de la métropole, mais encore de recevoir dans leurs foyers les métropolitains qui venaient y chercher un

asile. Le droit d'asile pour la métropole allait
même jusqu'à entraîner un nouveau partage des
terres, et jusqu'à investir les nouveau-venus de
la principale autorité.

Les cérémonies mêmes qui précédaient ou
accompagnaient le départ des migrations qui
se faisaient sous les auspices et avec l'assistance
des métropoles, nous révèlent l'origine du
droit de suzeraineté qu'elles exerçaient sur leurs
colonies.

Un rôle était dressé sur lequel étaient inscrits
les noms de ceux qui devaient partir. On donnait un chef à cette migration, et la levée des
colons se faisait comme celle d'une armée.
Avant le départ on consultait les augures et les
présages; on invoquait la protection des dieux
par des sacrifices solennels. La métropole approvisionnait les migrations des armes et des
vivres qui étaient nécessaires; les colons recevaient d'elle des diplômes ou patentes revêtues
de toutes les formes authentiques et dont l'original était déposé dans les archives. Les ministres du culte marchaient à la tête de la migration, portant les images des dieux tutélaires
et le feu sacré du sanctuaire de la république;

et les nouveaux colons s'en allaient ainsi fonder
une patrie nouvelle avec des commissaires que
la métropole donnait à la migration, soit pour
diriger le partage des terres, soit pour poser les
bases des institutions sur lesquelles allait être
assise la colonie.

Dans toutes les circonstances de ces migrations dirigées sous les auspices de la métropole,
on voit la raison de tous ces droits honorifiques
ou utiles qui étaient généralement acquis aux
villes fondatrices.

Chaque année, les colonies étaient tenues
d'envoyer à la métropole des députés pour offrir aux dieux de la patrie les prémices des
productions de leur sol, et leur faire des sacrifices, témoignages publics de leur reconnaissance. Le feu sacré venait-il à s'étein-
dre dans les colonies, il n'y avait d'autre
moyen de réparer la négligence des gardiens
du Prytanée colonial que d'allumer ce feu mys-
térieux dans le Prytanée même de la métropole.

C'était encore un devoir pour les colonies de
tirer de la métropole, non pas toutefois les
ministres particuliers de tout ce monde de di-

vinités qui peuplaient les villes, mais seulement les pontifes du dieu tutélaire dont le culte occupait le premier rang. C'était par les citoyens de la métropole que les colonies commençaient la distribution des victimes, et Thucydide rapporte les doléances des Corinthiens qui se plaignaient de ce que les colons de Corcyre ne leur avaient jamais rendu cedevoir.

Dans les solennités publiques, dans les jeux, dans les assemblées, les colons attribuaient la place d'honneur aux citoyens de la métropole, honorant en eux la mère-patrie qu'elles entouraient ainsi de la considération, du respect que des enfants doivent à leur auteur.

C'était encore un usage généralement suivi par les colonies grecques d'orner les temples de la métropole de présents considérables, de statues, de dépouilles d'ennemis, de trophées, etc. Sous Adrien même, quand le temple de Jupiter Olympien fut devenu un des plus magnifiques bâtiments du monde romain, les villes fondées par Athènes se firent un devoir d'élever chacune dans ce temple une colonne à leurs frais, et d'y placer leurs statues.

L'histoire grecque est toute remplie de faits

qui déposent en faveur non seulement de tous les droits honorifiques, mais encore de tous les droits utiles, tels que le droit acquis aux métropolitains de se marier dans les colonies sans que leurs enfants fussent réputés étrangers, et le droit d'acheter des terres dans les colonies sans encourir les rigueurs de l'aréopage. Ces deux droits étaient dans la Grèce d'une importance dont on aura la mesure quand on se rappellera combien les villes grecques étaient jalouses de leur droit de bourgeoisie, et combien était sévère surtout l'aréopage, cette terrible inquisition qui connaissait de tous les crimes contre l'état, parmi lesquels celui de s'établir à l'étranger n'était pas le moins considérable.

Au nombre des droits utiles on doit compter encore le droit d'hospitalité, droit sacré, dont les troupes métropolitaines jouissaient dans les colonies. Xénophon, dans sa retraite des dix mille, rapporte que les habitants de Sinope, de Trapezonte et d'Héraclée fournirent aux dix mille une immense provision de farines, de vins, de bœufs et d'autres provisions de cette espèce.

Le droit de donner des législateurs aux colonies , soit pour créer la forme du gouvernement, soit pour rétablir ou consolider l'ancienne forme ; le droit de choisir les chefs des migrations que les colonies voudraient organiser, le droit de donner des généraux aux troupes coloniales : tous ces droits étaient encore autant de droits utiles qui rentraient dans les prérogatives communes des métropoles.

Ce n'est pas à dire que tous ces droits fussent toujours avoués par les colonies. Alors qu'elles devenaient florissantes, elles supporaient impatiemment le joug des métropoles plus faibles et qui n'avaient plus la puissance de les tenir en tutelle. Une fortune brillante éblouissait les colonies au point que souvent elles oubliaient les droits des fondateurs sur elles.

D'ailleurs la constitution politique de la Grèce devait se prêter beaucoup à la violation des droits métropolitains. La Grèce, quoique plus petite que l'Allemagne, ne laissait pas que de renfermer un nombre plus considérable encore de petits états ; c'était un mélange de petites nations distinctes, il est vrai, mais confondues par une même langue, par une même haine

pour les barbares, par un même enthousiasme
pour la liberté, par une même religion, malgré l'infinie variété des détails.

Avec une telle confusion des mœurs et des
institutions métropolitaines, les colonies à la
longue devaient facilement oublier leur véritable métropole. Alors surtout qu'Athènes, Lacédémone, Thèbes, Corinthe, s'élevaient au
dessus des autres villes de la Grèce, et que les
deux premières, par leurs victoires contre les
Perses, se partageaient l'autorité suzeraine, les
alliances coloniales devaient nécessairement
se faire sous l'influence des succès divers
de la ligue athénienne ou lacédémonienne.
Toutes ces guerres domestiques dont Thucydide nous a laissé le récit ajoutaient considérablement à la confusion des choses coloniales.
Pour contenir les vaincus, on envoyait une colonie dans la ville dont on chassait les habitants;
dans cette autre ville au contraire on coloni-
sait sur de nouvelles bases en mélangeant entre
elles la population vaincue avec celle des vainqueurs. Tel port avait été colonisé pour assurer
la navigation, pour rendre les communications
plus sûres et plus rapides; telle ville avait été

fondée parce qu'elle était le centre d'une région et qu'elle pouvait servir de place d'armes,
de barrière ou de retraite; mais ce port et
cette ville devenaient tour à tour la proie des
vainqueurs et des vaincus. Devant la raison
impérieuse du plus fort, le droit colonial se
taisait, et souvent les colonies, ne prenant conseil que du voisinage, du commerce, des besoins réciproques, devenaient les alliées sérieu-
ses d'une ligue qui était toujours en état d'hos-
tilité avec leurs métropoles.

Bien que la métropole eût le droit d'exiger
des colonies qu'elles abandonnassent leurs alliances avec l'ennemi, quelque avantageuses
qu'elles leur fussent, cependant, au milieu de
toutes ces guerres intestines qui déchiraient le
sein de la Grèce, il n'était pas toujours possible à la voix de la métropole de se faire entendre. Il arrivait même quelquefois aux colonies d'entrer dans l'alliance d'un ennemi tel
que Xerxès. Mais alors il n'était pas difficile à
la métropole de transformer cette alliance en
une cause même de ruine pour l'ennemi qui
l'avait contractée.

On n'ignore pas le stratagème de Thémis-

tocle pour détacher de l'alliance persane les
Ioniens qui avaient fourni cent vaisseaux à
Xerxès. Monté sur les vaisseaux athéniens les
plus légers, ce grand capitaine, qui était encore
un diplomate habile , longea les côtes d'Eubée
par où devait passer l'ennemi pour se rafraî-
chir ou faire de l'eau, et fit graver ces mots sur
les rochers : « Peuples d'Ionie , vous offensez
» l'équité naturelle en combattant contre vos
» pères en faveur de barbares qui veulent les
» réduire en servitude ; rangez-vous de notre
» côté ; engagez les Cariens à suivre vo-
» tre exemple ; ou si cela vous est impossible ,
» jetez le désordre dans l'armée des Perses,
» lorsque nous serons aux mains avec eux ;
» vous souvenant que nous sommes les auteurs
» de votre origine, et que c'est pour avoir pris
» les armes en votre faveur que nous nous
» sommes attiré cette guerre contre les Per-
» ses. »

On sait que les Ioniens ne furent pas sourds
à cet appel fait à leur patriotisme. A Salamine
ils ne furent pas les derniers à agir faiblement
et à prendre la fuite.

Il n'était pas aussi facile de rompre l'alliance

des colonies avec des Grecs ennemis. Il n'en
était pas des colonies grecques comme des colonies modernes qui offrent la reproduction
fidèle de la métropole fondatrice. Les colons
grecs ressemblaient plutôt à toute la Grèce qu'à
une partie de la Grèce en particulier. Les colons
étaient plutôt des Grecs que des colons, et dans
toute l'histoire des colonies grecques, il ne serait guère possible de citer qu'une seule colonie
dont les habitants aient adopté les mœurs de
leurs voisins. « Encore, dit Fontenelle, sen-
» taient-ils je ne sais quel déplaisir d'être
» devenus barbares, et tous les ans ils s'assem-
» blaient une fois pour lire en grec leurs an-
» ciennes lois qu'ils ne suivaient plus, et qu'ils
» entendaient à peine. Ils pleuraient à cette lec-
» ture, et se séparaient ensuite pour reprendre
» la manière de vivre du pays. »

Aussi les colonies ne voyaient dans les guerres
intestines des Grecs qu'une querelle domestique
dont les parties belligérantes leur étaient également attachées par les liens du sang. Il ne s'a-
gissait plus pour les colonies de prendre parti
entre les Grecs et les Perses, entre la liberté et
le roi des barbares. Ce jour sous lequel appa-

raissaient aux colonies grecques les guerres les
plus sanglantes qui se livraient dans le sein
de la Grèce, devenait un grand élément de
confusion dans le droit colonial.

Cependant, au milieu même des vicissitudes
diverses de ce droit, on ne peut s'empêcher de
reconnaître dans la guerre d'une métropole
contre sa colonie le caractère d'une dispute
entre une mère et une fille. Souvent les colonies, éblouies par leur fortune brillante, se dé-
clarent indépendantes et souveraines ; mais
arrivent les jours mauvais, et alors même elles
n'implorent pas en vain les secours de la métropole. La plupart des querelles entre les métropoles et les colonies grecques nous offrent le
spectacle d'enfants ingrats qui, honteux de leur
faute, se jettent avec confiance dans les bras
d'un père qui semble oublier ses droits de juge
pour ne se souvenir que des devoirs de la paternité.

Ces idées étaient tellement celles qui prési-
daient le plus souvent aux relations des métropoles avec les colonies, que les auteurs grecs
se servent souvent du terme de mère pour in-
diquer les liens qui rattachaient les villes fonda-

trices aux villes fondées. Pindare appelle Théra
la mère de plusieurs grandes villes. Thucydide
donne à Corcyre le nom de mère d'Epidaure.
Rarement vous rencontrez dans les auteurs
grecs le terme de colonie, c'est le plus souvent
celui d'enfants, de proches, de postérité, qui
est employé. Les liens de parenté s'étendaient
même entre les villes jusqu'en ligne collatérale ;
on disait que Syracuse et Leucade, ces deux
colonies de Corinthe, étaient sœurs, et quand
Denis le Jeune, chassé de la Sicile par Timo—
léon, vint se réfugier à Leucade, il disait aux
habitants étonnés qu'il eût choisi ce séjour de
préférence à Corinthe: « Je suis comme un jeune
homme qui, après avoir commis une faute gros-
sière, redoute la présence de son auteur, mais
s'accommode assez bien de la société de ses
frères ; je rougirais de vivre à Corinthe, mais je
demeure volontiers à Leucade. »

Deux colonies qui avaient une origine commune étaient liées entre elles par les droits et
les devoirs de la fraternité, au même titre que
deux villes dont l'une était la tige de l'autre
voyaient s'établir entre elles un contrat synallagmatique qui, tout en attribuant à la pre-

mière un droit de souveraineté, lui faisait un devoir de servir de tutrice à la seconde, de la soutenir, de la protéger, de partager ses disgraces et de veiller à tous ses intérêts. Les colonies se trouvaient ainsi dans une subordination qui ne pouvait alarmer leur liberté, car leur dépendance était volontaire, et si volontaire qu'en grandissant elles savaient fort bien déchirer ce contrat réciproque de droits et de devoirs. Les colonies alors étaient des enfants sortis de tutelle; quand elles avaient atteint l'âge requis pour être émancipées, elles exerçaient elles-mêmes leurs droits de manumission.

Ce droit était nécessairement une conséquence forcée des motifs qui avaient présidé à la fondation des colonies grecques. Ces colonies étaient toutes des enfants sortis de la maison paternelle par mille causes différentes. La crainte de l'invasion ou d'un voisinage dangereux pour la liberté, surtout dans les premiers temps de la Grèce où les établissements étaient peu solides, la beauté du climat, la fertilité du sol, une maladie contagieuse, une famine, la volonté des oracles, des vœux solennels faits dans diverses circonstances, l'excès de la population, quelquefois aussi la curiosité seule, la légèreté, l'espérance, un prince mécontent ou frustré de ses droits de régner, une foule de raisons pressantes provoquaient des migrations qui devenaient elles-mêmes la source de migrations nouvelles et qui faisaient des villes de la Grèce une grande famille composée de pères, d'enfants et d'arrière-petits-fils. Ces liens réciproques étaient un des principaux éléments de l'organisation grecque; on en trouve tant de vestiges dans l'histoire des Grecs, que nous ne pouvons comprendre comment ils ont pu échapper à la sagacité de ceux qui ont écrit sur l'histoire de ces peuples.

Si quelque chose devait faire justice de toutes ces idées de monopole, de tous ces ingrédiens de serre-chaude que les gouvernements de l'Europe ont fait entrer dans leurs rapports avec les colonies, ce serait bien la prospérité inouïe à laquelle s'élevèrent les colonies de la Grèce, sous l'empire de ce régime de paternité et de filiation qui les unissait à leurs métropoles, sous l'influence d'un système d'administration qui envisageait les colons comme les enfants des enfants de la mère-patrie.

Malgré les guerres sanglantes que suscitè-
rent dans la Grèce les rivalités d'Athènes et de
Lacédémone, guerres intestines qui, comme on
sait, ne font pas pleuvoir sur les peuples des
pluies de richesses et de prospérités, les colonies de la Grèce ne laissèrent pas que de s'é-
lever à une splendeur inouïe. A Ephèse, à
Smyrne, à Rhodes, à Milet, à Samos, à Alexandrie, on voyait des merveilles sans nombre, des
édifices publics, des temples, embellis par la
sculpture et la peinture.

La magnificence de plusieurs villes d'Ionie
et de Sicile égalait celle d'Athènes et de
Thèbes. Tout ce qui pouvait encourager les
arts en formant des juges éclairés, tout ce qui
pouvait favoriser, multiplier, soutenir, augmenter les talents en les rendant utiles à ceux
qui les possédaient, faisaient des colonies autant de villes rivales aussi jalouses d'avoir
donné le jour à un artiste qu'à un grand capitaine. Poètes sublimes, philosophes renommés,
grands historiens, hommes distingués dans la
littérature et l'étude des sciences, la Grèce vit
naître presque toutes ses gloires dans les colonies. Scopas, ce sculpteur habile qu'Artémise

avait choisi au milieu de tout un monde d'artistes
sublimes, pour construire le tombeau de Mau-
sole, était né à Paros. Apelles était originaire
de l'île de Cos. Zeuxis et son illustre rival
étaient nés l'un à Héraclée et l'autre à Éphèse.
Lesbos avait donné le jour à Sapho, Mitylène
à Alcée; Cyrène à Eratosthène et à Callima-
que, Tarente à Archytas, Alexandrie à Euclide,
Halicarnasse à Hérodote, Milet à Thalès et à
Anaximandre, Samos à Pythagore. La Sicile,
cette Corinthe qu'avait dépouillée la cupidité de
l'infâme Verrès, avait donné le jour à Empe-
docles, à Théocrite, à Stésichore et au célèbre
Archimède. Les deux Hippocrates, dont l'un
excella dans la géométrie, et dont l'autre est
encore de nos jours appelé le père de la médecine, Anacréon, Simonide, Homère, toutes ces
gloires virent le jour dans la Grèce coloniale.

Grâces au pacte de filiation qui unissait les
colonies à la métropole, les colonies, bien
qu'elles ne fussent pas complétement libres,
complétement dégagées de toute sujétion, virent cependant se développer dans leur sein de
grandes richesses, un commerce florissant et un
bien-être répandu sur tous. A Éphèse, à

Smyrne, à Rhodes, à Milet, le travail était en honneur; il n'y avait là ni blancs ni noirs pour rivaliser entre eux à qui n'échoirait pas le soin de semer ou de labourer. Malgré l'enfance de la navigation, plus de cent vaisseaux couvraient la seule colonie de Milet. Ce fut dans les clerouquies de la Grèce que l'exploitation des mines, la fonte des métaux, la teinture de la laine, reçurent les plus grands perfectionnements. Phocée, la mère-patrie de Marseille, cette reine du négoce dans le midi de la France, compta les navigateurs les plus intrépides des temps anciens; Smyrne fut un grand foyer de richesses et de magnificences, et les merveilles de Rhodes occupent encore la postérité.

CHAPITRE XVI.

L'Espagne et ses colonies.

L'Europe, elle aussi, a fait des expériences sur les colonies. L'Europe, qui avait de plus que la Grèce des flottes considérables, une navigation plus savante, une artillerie qui pût agir de loin contre des colonies insurgées, a eu, dans ses systèmes de colonisation, une tendance funeste vers les idées de monopole, vers l'esprit réglementaire.

Dans cette voie de monopole et de prohibition, la préséance est due à l'Espagne. C'est elle qui, pour saisir une suprématie qui devait passer à d'autres, pilla et dépeupla le Nouveau-Monde, décima son propre sol, et inventa la traite des noirs, ce fléau qui devait coûter à la race humaine tant de sang et de larmes.

L'Espagne, qui manquait de tout en Europe, qui ne savait pas s'y gouverner elle-même, et dont la statue aux pieds d'argile était sourdement minée par les abus et les vices de son

vieux gouvernement, se prit un jour à administrer au loin, ou plutôt à frapper de ses accès
et de son inertie, de ses codes exclusifs et de
ses monopoles, des populations nombreuses,
riches en trésors, en activité, en intelligence.

On l'a vue à l'œuvre; d'abord, elle n'a trouvé
rien de mieux à faire que d'interdire à ses provinces coloniales toutes relations avec l'étranger, à ses différentes colonies mêmes toutes relations entre elles, à moins de passer, au préalable,
par les formalités les plus absurdes et les plus vexa-
toires. Pour les colons, cultiver le chanvre, ou le
lin, ou la vigne, fut un crime de lèse-majesté. Ex-
ploitiez-vous des salines, vous étiez criminel de
lèse-majesté; plantiez-vous du tabac, criminel
de lèse-majesté; fabriquiez-vous de la poudre
à tirer, criminel de lèse-majesté. Les empe-
reurs romains n'avaient pas étendu si loin leurs
arrêts de mort contre les suspects; il était
réservé à l'Espagne de voir un crime de lèse-
majesté dans des exploitations agricoles ou
industrielles.

Pour avoir tourmenté de mille façons ses
populations coloniales, pour s'être livrée à tous
ces grands efforts de monopole, à toutes ces

fureurs de prohibition, ne croyez pas que l'Espagne ait rencontré, au bout de son système, la félicité de Milet, la richesse de Smyrne, ou les merveilles de Rhodes. L'Espagne a cueilli ce qu'elle avait semé.

Elle a fait la triste expérience de l'alcavala et des autres taxes oppressives dont elle frappa avec tant de rigueur les importations et les exportations de ses colonies. Elle a su quelle bonne fortune lui devait échoir de n'avoir investi que les natifs de la vieille Espagne, exclusivement à tous autres Espagnols, de tout emploi honorifique ou rétribué. Elle a appris ce qu'une métropole gagnait à interdire la liberté des cultes à ses colonies pour ne leur imposer que des dîmes et l'inquisition, à proscrire tout progrès des sciences et des arts, et à perpétuer ainsi la dégradation systématique de ses provinces coloniales.

L'Espagne au reste fit ses colonies à son image. Philippe II avait placé la métropole sous le joug de la superstition et du despotisme; il avait conspué la royauté au point de la transformer en une furie agitant des serpents et des torches sur des esclaves à genoux. C'est le même

régime qui fut infligé aux colonies espagnoles,
M. le comte de Ségur a saisi dans ses Mémoires
toute la portée de ce système qui tendait à tenir
les colons le plus bas possible, quand il fait dire
au chef d'une maison religieuse de Caracas :
Si les colonies espagnoles prospéraient à l'égal
des Etats-Unis, elles deviendraient plus fortes
que l'Espagne ; elles seraient indépendantes.

Aussi la métropole ne cessa de prendre pour
devise dans ses relations avec les colonies :
Ignorance et misère pour les colons. Pour faire
luire un plus beau soleil sur son état pauvre et
maladif, elle appelait les ténèbres sur ses possessions d'outre-mer ; elle renouvelait l'ana-
thème de Pharaon contre les Hébreux : *Sapien-
ter opprimamus eos.* Ce n'était pas par défaut
de lumières, c'était plutôt par une lumière
pervertie que l'Espagne était ainsi conduite à
une oppression systématique de ses colonies ;
si elle étouffait le progrès dans son germe, si
elle disséminait avec profusion la pauvreté,
l'ignorance, la stérilité, l'obéissance aveugle
et passive, c'est que l'ambition et la cupidité
lui faisaient voir dans une pareille croisade
contre la civilisation un moyen de perpétuer

la domination espagnole sur le Nouveau-Monde. Mexico, Lima, Buénos-Ayres devaient être pauvres et rançonnés pour que Cadix et Madrid vissent couler le Pactole au pied de leurs murs.

Comme conséquence de ce système, l'Amérique espagnole ne pouvait ouvrir ses ports qu'aux vaisseaux du privilége, et qu'aux produits du monopole; toute sa charte se résumait dans le droit d'obéir et de payer, dans le droit de recevoir de la métropole des gouverneurs impatients de dépouiller leurs administrés, et de rapporter dans leurs provinces leurs richesses de Verrès, sans craindre qu'un Cicéron vînt dévoiler leurs turpitudes et leurs déprédations. A la métropole au reste le soin de tenir l'Amérique en lisière, de décider à Madrid du sort d'une contrée vaste, riche et peuplée, de stériliser les possessions coloniales par système, de faire de l'Amérique quelque chose de pire encore que l'Espagne elle-même, d'abandonner l'Amérique à l'administration des ducs de Lerme, des Albéroni, des prince de la Paix, des *Camarilla* enfin, ce bourbier fétide dans lequel les chefs des peuples avilissent leur puissance et se vouent d'eux-mêmes au mépris de leurs administrés.

Nous ne savons qu'un moyen d'exécuter un système d'arbitraire qui parque les peuples et ne leur laisse d'autre droit que de subir la verge du maître. Quand on veut administrer avec une main de fer, il faut que cette main de fer s'appesantisse en proportion des moyens de résistance. Aussi les progrès de la raison publique, les conquêtes de l'industrie et le voisinage des Etats-Unis d'Amérique commandaient à l'Espagne de comprimer davantage encore ses colonies. Au progrès des lumières elle répondait par des ténèbres plus épaisses, aux découvertes dans les arts elle répondait par une fiscalité plus exigeante et plus ombrageuse ; contre le voisinage des Etats-Unis, elle n'avait rien de mieux à faire que de séquestrer les idées et de plonger les colons dans une solitude qui leur faisait mieux sentir le prix d'une communication libre.

Mais après trois cents ans d'un régime qui avait fait des colonies espagnoles autant de provinces taillables et corvéables à merci, il vint un jour pour ces colonies où l'Espagne fut comme si elle n'existait plus. Elles avaient profité des longues années de guerre pendant lesquelles la métropole n'avait pu exercer ses droits de souveraineté, pour épouser des idées nouvelles, de nouveaux goûts, de nouveaux besoins, de nouvelles relations; depuis 1796 jusqu'en 1814, l'Espagne vis à vis de ses colonies était comme tombée en désuétude; et quand arriva le jour où la chaîne des temps devait se renouer, de nombreux anneaux manquèrent à cette chaîne. Ce fut à ce point que l'Amérique et l'Espagne furent longtemps à se reconnaître.

L'Espagne, il est vrai, se présentait à ses colonies avec son même régime de Philippe II, avec sa même tendance à l'isolement, avec ses mêmes habitudes, ses mêmes usages, son même costume noir; sa politique était toujours une politique sombre; c'était toujours l'autorité soupçonneuse de l'alcade et de l'audience royale, du commandeur et du vice-roi; c'était toujours les prédications d'un clergé fanatique pour perpétuer l'ignorance, la soumission et la crédulité. L'Espagne semblait n'avoir rien appris; on eût dit même qu'elle avait oublié avec quel esprit de suite et de persévérance la Grande-Bretagne s'était attachée à ébranler la puissance espagnole dans le Nouveau-Monde. L'Espagne continuait à marcher dans ses voies de ténèbres profondes, alors que la lumière s'était levée sur ses colonies, alors que l'indépendance des Etats-Unis et la révolution française avaient donné à ces colonies la conscience d'une dignité nationale, alors que le commerce interlope apportait depuis longtemps dans ces colonies, avec Montesquieu, Voltaire, Rousseau et Raynal, les droits du genre humain à la liberté. Douanes, espionnage domestique, rigueur des pénalités contre les livres prohibés, tout ce cordon sanitaire contre la pensée ne fit que rechercher avec plus d'empressement des livres qui aux richesses de l'imagination et de la poésie, aux sublimes élans du génie et de l'enthousiasme ajoutaient encore l'attrait du fruit défendu. La jeunesse, les nobles, les pères de famille, des prêtres même avaient voulu s'initier dans les sciences nouvelles. On les avait vus saisir l'Européen au passage pour surprendre, dans des confidences secrètes, les mystères de la philosophie. Des populations qui entraînaient ainsi l'étranger dans une chambre écartée pour

admirer dans le mystère et le silence les œuvres
des Montesquieu, des Voltaire et des Rousseau, commençaient déjà à faire acte d'indépendance ; elles étaient déjà libres, et l'Espagne
n'avait d'autres séductions à leur offrir que le
fanatisme et la servitude ; elles avaient déjà
goûté des douceurs de la civilisation, et l'Espagne venait de nouveau commander à la terre
et aux habitants l'inertie et la pauvreté.

Il était facile de voir que le système de Philippe II avait fait son temps dans le Nouveau-
Monde ; l'Espagne seule ne le vit pas. On sait
les suites d'un pareil aveuglement. Une administration de sang, de feu et de ruines, essaya
de soumettre encore sous son joug des populations qui sacrifièrent leurs biens, leur repos,
tout ce qui est cher et sacré aux hommes, pour
recouvrer et conserver leur indépendance.

Un homme existait dans les rangs de l'armée espagnole, qui de simple soldat s'était élevé aux plus hautes dignités de l'armée ; cet
homme, nourri dans des idées d'obéissance passive, guerrier cruel dans son dévouement pour
son maître, fut chargé de conduire l'expédition
espagnole contre les colonies insurgées ; la

folle présomption des Espagnols leur faisait même raconter en espérance la marche triomphale de Morillo ; il allait d'abord s'emparer de Venezuela ; la Nouvelle-Grenade serait bientôt soumise ; de Santa-Fé, le général irait se joindre aux troupes royales de Montès dans le Quito, puis, traversant Lima et le Haut-Pérou, il fondrait comme un aigle sur Buenos-Ayres.

L'Espagne s'est étrangement trompée dans ses calculs et dans ses prédictions. Des hommes à demi nus, armés de bâtons et de fourches, inspirèrent une émulation électrique ; les riches leur fournirent des armes, et bientôt les sanglantes réactions du pouvoir armant toutes les classes pour la sainte cause de la liberté, ce ne fut plus dans les colonies insurgées qu'un même vœu de s'ensevelir sous des ruines, quand même l'Europe, le monde entier se réuniraient à l'Espagne pour les replacer sous le joug de la métropole. Bolivar avait juré que ses projets embrasseraient l'Amérique entière. Le grand capitaine a tenu son serment. Qu'est devenue aujourd'hui la domination de l'Espagne sur l'Amérique du sud ?

L'herbe a poussé sous le trône du vice-roi. Le temps a fait justice d'une métropole qui, marâtre jalouse, avait placé ses colonies hors de la politique, du commerce et de l'industrie de leurs contemporains. C'est en portant la guerre à tout ce qui pouvait penser, c'est en prenant possession de tout ce qui pouvait produire, c'est en établissant son commerce avec des idées de prohibition inintelligente, et sa politique avec des idées de servitude, que l'Espagne a été non seulement dépouillée de sa suzeraineté sur l'Amérique du sud, mais qu'elle s'est déshéritée elle-même des lumières acquises à l'espèce humaine. Il en est des empires comme des individus qui sont condamnés à subir la loi qu'ils ont faite eux-mêmes.

CHAPITRE XVII.

L'Angleterre et son système de colonisation.

Si quelque chose devait faire apprécier l'heureuse influence d'un bon système d'administration, ce serait la prospérité à laquelle s'est élevée la Jamaïque, depuis que les Anglais en firent la conquête en 1655.

Bien que les Espagnols fussent possesseurs de cette ile depuis 1494 qu'elle fut découverte par Christophe Colomb, les Anglais n'y trouvèrent que 1,500 blancs dont la malpropreté et la misère se disputaient la proie. Les riches productions que fournit aujourd'hui cette île y étaient encore ignorées ; les productions mêmes dont les habitants connaissaient la culture n'étaient tout juste exploitées que pour satisfaire aux besoins de l'île. Aujourd'hui la Jamaïque est le foyer d'un grand mouvement de marine et de négoce. On peut évaluer à près de 40,000,000 fr. la valeur des exportations annuelles de la Grande-Bretagne pour

18

la Jamaïque. C'est plus de la moitié des exploitations que fait annuellement l'Angleterre pour ses îles aux Indes occidentales.

C'est que les colons anglais apportèrent à la Jamaïque des éléments de colonisation que les Espagnols ne purent pas ou ne surent pas y apporter. Les Anglais vinrent dans cette île avec la connaissance des sciences et la pratique des arts que cultivait un peuple policé; ils y vinrent avec des habitudes de travail et de subordination, avec l'expérience du gouvernement civil le plus sage et le plus libéral qui eût encore été pratiqué en Europe.

C'était déjà beaucoup pour assurer la prospérité et l'avenir d'établissements nouveaux; ajoutons encore qu'à la Jamaïque comme aux États-Unis, comme dans les autres colonies anglaises de l'Amérique, la Grande-Bretagne rencontra une population indigène presque imperceptible et par conséquent une grande facilité d'obtenir d'immenses portions de terres fertiles et qui étaient, pour ainsi dire, au premier occupant.

Même longtemps après un premier établissement, dès qu'un émigrant venait se fixer

dans une colonie, il y obtenait une concession
de terre de la meilleure qualité. Jouissant des
productions du sol sans être astreint à appeler
un propriétaire au partage des profits, exempt
même de toute taxe, le colon pouvait facilement amasser des capitaux, et utiliser un plus
grand nombre de bras, à des conditions de
salaire plus avantageuses pour le travailleur.
Ces salaires, fort au dessus des besoins de l'ouvrier, lui permettaient de faire lui-même de
riches économies qui le transformaient bientôt en acquéreur de terrains qui se vendaient
d'autant meilleur marché qu'ils étaient plus
abondants. Grâces à cette carrière de bien-être
qui s'ouvrait devant le travailleur, toutes les
classes participaient à la prospérité générale,
les capitaux et la population croissaient avec
un mouvement de progression dont on trouverait difficilement des exemples dans des pays
anciennement et grandement peuplés.

Tandis que dans la métropole le caractère
anglais se développait d'une manière si terrible, et que la Grande-Bretagne voyait éclater
dans son sein une guerre civile qui serait la
plus vive, la plus opiniâtre, la plus sanglante

dont l'histoire ait conservé le souvenir, si la France n'eût laissé bien loin derrière elle les fureurs et les saturnales du peuple breton ; tandis que chaque jour éclairait de nouveaux crimes que les crimes du lendemain effaçaient encore, tandis que la nation anglaise semblait s'ensevelir sous ses propres ruines, les esprits moins ardents cherchaient contre l'embrasement général un refuge paisible vers les îles d'Amérique. Le calme dont on y jouissait multipliait les migrations. Plus l'incendie gagnait la métropole, plus les colonies s'enrichissaient et se peuplaient.

Des citoyens qui fuyaient des factions, des royalistes opprimés par le parti républicain dont les armes venaient de prévaloir, des hommes inquiets et remuants, pleins de feu, de fortes passions, de grands désirs, de projets vastes, des hommes disposés à tous les dangers et à tous les hasards, ne sachant aux affaires de ce monde d'autre issue que l'opulence ou la misère, la fortune ou la mort, tels étaient les éléments dont se composaient les migrations coloniales.

Ce n'était pas alors que la métropole était

déchirée par la guerre civile qu'elle pouvait sérieusement songer à donner des lois aux îles de sa dépendance. Les colonies se firent elles-mêmes leur législation ; leur constitution fut formée sur le modèle de la métropole.

Quand plus tard la Grande-Bretage voulut réglementer ses rapports avec les établissements coloniaux , elle ne vit pas que si les colons étaient des enfants portés hors de son sein, ces enfants étaient cependant d'âge à ne pas se soumettre aveuglément à toutes ses volontés.

Le droit naturel donnait aux colonies la faculté de vendre et de s'approvisionner sur les marchés de leur choix ; l'acte de navigation fut une première violation de ce droit.

Avant cet acte, les ports anglo-américains étaient ouverts à tous les bâtiments ; les Anglais qui venaient y charger des marchandises pour l'Italie ou l'Espagne n'étaient pas soumis à l'obligation de mouiller en Angleterre avant d'arriver au lieu de destination. Cette liberté du commerce produisait dans les colonies anglaises un grand courant de négoces et d'échanges.

L'acte de navigation obligea les colonies à

n'importer et à n'exporter des marchandises que sur des bâtiments appartenant à des armateurs d'Angleterre ou d'Irlande, ou de la principauté de Galles ou de la ville de Berwick. Dans le principe, le maître et les trois quarts de l'équipage devaient être anglais ; plus tard, la métropole n'imposa cette condition de nationalité qu'au quart de l'équipage. Tout navire en contravention était confisqué avec ses agrès et ses marchandises. Les colonies ne pouvaient exporter que dans les ports d'Angleterre et d'Irlande le coton, l'indigo, le tabac, le sucre, le gingembre, le bois de teinture, le riz, la mélasse, le castor, le cuivre, le goudron, les mâtures, la poix, etc.

Pendant longtemps les colonies réclamèrent contre cette législation prohibitive. Souvent la métropole fit droit à leurs doléances ; elle modifia plusieurs clauses de l'acte de navigation. Il faut rendre à la Grande-Bretagne cette justice, qu'elle ne cessa pendant longtemps d'aviser aux moyens de rendre son système de monopole le moins onéreux possible à ses provinces d'outre-mer.

Une longue série de lois atteste sa sollicitude

pour les colonies. La culture y est encouragée ;
des facilités sont accordées pour le paiement
des droits ; la vigilance la plus infatigable vient
sans cesse alléger les charges du monopole ;
des exemptions, des priviléges sont accordés
aux colons en retour des restrictions imposées
à leur commerce.

Après la paix de Paris conclue en 1763,
l'Angleterre commença à abolir successivement
tous les priviléges dont les colonies avaient
joui jusque alors. Bien que les colonies anglo-
américaines n'eussent aucun représentant, et
par suite aucune influence dans le parlement
anglais, la métropole déclara ses colons taillables et corvéables à sa volonté; et ce droit qu'elle
s'attribuait n'était point une prétention stérile;
le parlement ne se bornait point à le raisonner,
il l'exerçait et menaçait d'employer la force.

Dès l'année 1764, le parlement décréta dans
toute l'Amérique septentrionale un droit de
timbre. Pour repousser ce bill, les assemblées
coloniales organisèrent des mesures de résistance ; un congrès fut convoqué à New-
York, mais un changement de ministère fit
retirer le bill du timbre.

Toutefois le parlement n'en fit pas moins toutes les réserves de suzeraineté sur les colonies. Bientôt, comme conséquence de ce principe, il vota des droits sur le thé, le verre, le papier, etc. Ce nouveau bill rencontra à Boston et dans la province de Massachussets une opposition vigoureuse ; les autres provinces adhérèrent aux mesures de résistance.

Les colonies étaient gouvernées par des assemblées qui n'avaient entre elles aucun centre de réunion ; le sentiment d'un danger commun leur donna l'idée d'organiser une assemblée générale chargée de veiller aux intérêts de tous. Ce congrès fut réuni à Philadelphie le 14 septembre 1774.

Le congrès, tout en protestant de son dévouement au roi et à la métropole, rejeta les nouveaux droits et défendit aux colons de consommer les marchandises anglaises. Après avoir exposé avec une sage réserve les griefs des colonies contre la métropole, le congrès s'ajourna au 10 mai.

Autant la Grande-Bretagne montrait de passion haineuse et semblait avoir pris à tâche de faire de ses colonies le théâtre d'une guerre sanglante, autant le congrès épuisa de mesures intelligentes, de tentatives judicieuses pour cimenter l'union à l'intérieur, créer des alliances au dehors et opérer une réconciliation entre l'Angleterre et ses colonies.

Tous ces frais de sagesse et de modération furent en pure perte ; les hostilités commencèrent à Lexington. Bientôt la province de Massachussets marcha contre l'armée royale réunie à Boston. Le congrès fit cause commune avec cette province. Washington, que ses talents militaires avaient rendu célèbre sous le nom de *soldat de l'Amérique*, fut nommé commandant en chef des troupes américaines.

En prenant possession de sa nouvelle dignité, Washington fit publier à la tête de ses troupes une proclamation au nom du congrès. Ce manifeste résumait tous les griefs des colonies ; on y donnait les raisons qui avaient fait prendre les armes : « Nous allons combattre, y » était-il dit, dans le pays qui nous a vus » naître, pour défendre la liberté qui est le » droit de notre naissance, et dont nous avons » toujours joui jusqu'à ces derniers temps où » elle a été violée ; nous devons nos propriétés

» à l'industrie de nos ancêtres, nous les défen-
» drons, nous repousserons la violence dont on
» veut nous rendre les victimes. »

L'armée sous les ordres de Washington ne s'élevait qu'à 14,500 hommes, nombre bien insuffisant pour des opérations aussi gigantesques. Dans le camp, on comptait à peine quelques provisions de guerre. Toute la poudre qui se trouvait alors dans les magasins publics des quatre provinces américaines n'aurait peut-être pas fourni à trois décharges par soldat. Baïonnettes, habits, ingénieurs, canons et canonniers, l'armée manquait de tout.

Le général comprit le parti qu'il pourrait tirer d'hommes robustes, actifs et d'un courage à toute épreuve. L'armée fut divisée en brigades et en divisions ; une discipline uniforme fut imposée à des troupes d'origine diverse. La patience de Washington, son esprit de conciliation surmontèrent tous les obstacles qui s'opposaient à la formation des recrues.

L'armée n'était tenue de servir que jusqu'au 1ᵉʳ janvier 1776 ; Washington convoqua les officiers et les soldats, leur laissant le choix de partir ou de continuer leur service. Plusieurs

officiers demandèrent leur retraite ; un grand
nombre de soldats se refusaient à prendre du
service ; quelques uns exigèrent des congés de se-
mestre ; d'autres même profitèrent de ces circonstances difficiles pour réclamer le droit d'é-
lire leurs officiers.

Pour triompher de tous ces obstacles, Washington fit appel au patriotisme et à l'honneur
des soldats : « Compagnons d'armes, leur dit-
» il, les circonstances et le grand intérêt de la
» cause dans laquelle les colonies sont enga-
» gées ne nous permettent pas de balancer ; il
» s'agit de la vie, de la liberté et de la pro-
» priété ; notre pays est menacé de devenir le
» théâtre du carnage et de la désolation ; ver-
» rons-nous nos villes réduites en cendres, nos
» femmes et nos enfants chassés de leurs pai-
» sibles demeures, exposés à toutes les intem-
» péries de l'air et réduits à implorer la charité?
» Toutes ces calamités sont prêtes à fondre sur
» nous. Un ennemi barbare nous menace d'une
» destruction qui doit envelopper ce que nous
» avons de plus cher au monde ; quelle honte
» pour un soldat de se retirer à l'aspect du
» danger ! Quelle honte de ne promettre du

» service qu'à de nouvelles conditions! »

La persévérance de Washington lui fit sur-
monter tous les obstacles; grace à la modération avec laquelle il sut se concilier les oppo-
sants, il eut bientôt rangé sous ses ordres une
armée considérable. Le plus grand mérite de
Washington ne fut pas d'avoir vaincu sur le
champ de bataille; l'histoire doit l'admirer
peut-être davantage pour avoir su commander
à des hommes qui apportaient dans le camp les
idées les plus exagérées de l'égalité.

Entre les troupes du nord et celles du midi
régnaient des rivalités déplorables; des intérêts opposés divisaient sans cesse les états qui
avaient fourni leur contingent de milice. Washington, par sa prudence, sut concilier tous
ces éléments hostiles, et prévenir des chocs
funestes. L'armée était sans armes, sans chaus-
sures, sans vêtements, et telle était la pénurie
des finances qu'elles ne pouvaient suffire ni à
l'entretien ni au transport des troupes dans un
pays où la distance était le plus grand ennemi
à vaincre.

Les troupes anglaises, commandées d'abord
par le général Howe et ensuite par Cliton, firent

de vains efforts pour obtenir quelque avantage
sérieux sur l'armée américaine. Washington se
tint presque constamment sur la défensive, re-
poussa les attaques, déjoua les plans de campagne des généraux anglais, et cette tactique
prudente lui assura des succès plus certains que
ceux qu'il aurait pu tenter par la voie des ba-
tailles.

La France vint au secours de Washington ;
elle accorda à l'Amérique un subside de six
millions de livres ; elle garantit un emprunt de
dix millions fait à la Hollande , et pour coopé-
rer d'une manière plus active encore, le comte
de Grasse partit au mois de mars 1781 avec
vingt-cinq vaisseaux de ligne, des troupes de
débarquement et un convoi montant à plus de
deux cents vaisseaux. Ce fut dans cette expédition pour la liberté américaine que Lafayette
vint poser les premières bases de sa réputation
de *citoyen des deux mondes.*

Bientôt une partie de l'armée anglaise, com-
mandée par Cornwallis, fut bloquée dans York-
Town, et le 2 octobre 1781, le général anglais
fut forcé de se rendre prisonnier de guerre avec
8,000 hommes. A partir de ce jour, tout es-

poir de succès fut perdu pour les Anglais, et l’année 1782 se passa sans aucun engagement sérieux. Deux ans après l’arrivée de la flotte française, les préliminaires de la paix étaient signés, et l’Angleterre, qui n’avait pas voulu abolir le droit du thé, proclamait à la face des deux mondes l’indépendance des Etats-Unis.

Cette victoire de l’indépendance coloniale n’est que la préface d’un livre que les années se chargeront de développer. La guerre contre le monopole de la Grande-Bretagne est bien loin de toucher à son terme ; l’existence coloniale de l’Angleterre est assise sur un volcan. Le Canada donne déjà de vives inquiétudes.

Ce n’est pas d’aujourd’hui que les colonies qui restent à l’Angleterre apportent de l’irritation et de l’aigreur dans leurs doléances respectueuses. Chaque jour semble apporter un mauvais levain ; les plaies de l’amour-propre s’aigrissent ; un poids immense de haines s’amasse sourdement. Des orages se forment ; les cœurs ulcérés par de longs et secrets ressentiments se préparent à la vengeance.

Depuis longtemps les colons des îles anglaises font entendre des plaintes amères ; la

métropole est toujours sourde à leurs doléances
légitimes. Partout en concurrence avec les habitants du Brésil et de Cuba qui jouissent dans
toute sa plénitude de la liberté commerciale,
les planteurs des colonies anglaises, depuis le
bill d'émancipation surtout, ne peuvent concourir avec leurs rivaux d'industrie et de négoce qu'avec grande perte et dommage.

On ne peut trop s'expliquer la persistance
que met la Grande-Bretagne à conserver un
monopole si onéreux pour son budget colonial.
Le Canada et les îles des Indes occidentales
ne coûtent annuellement rien moins que
40,000,000 fr. au delà de ce que le gouvernement y perçoit. C'est là le budget normal, le
budget en temps de paix ; mais qu'on tienne
compte du chiffre à ajouter en temps de
guerre, et l'on aura une idée des dépenses incalculables du budget colonial en Angleterre.

Les Anglais de la métropole comme les Anglais des colonies sont victimes d'un système
qui interdit à ceux-ci d'acheter sur les marchés de leur choix les articles nécessaires à
leurs divers besoins, et qui impose à ceux-là les
produits coloniaux. Les uns voient ainsi s'é-

lever leurs frais de production et par conséquent le prix de leurs denrées ; les autres sont
grevés des droits énormes dont sont frappés
certains articles venant de l'étranger, pour que
les colonies puissent jouir du bienfait du monopole réciproque.

Ce monopole réciproque, pour être moins
odieux que celui qui lie notre commerce avec
nos îles, car du moins l'Angleterre ne transforme pas la betterave en sucre et exécute
loyalement le contrat synallagmatique qu'elle
a imposé à ses colonies, ce monopole réciproque n'est pas moins pour la Grande-Bretagne
un système désastreux. Sans doute les revenus
publics exigent que le sucre, le café, le rhum
soient frappés de droits modiques, mais pourquoi conserver les droits sur le coton, le cacao
et d'autres produits coloniaux, alors que la
suppression de ces droits pourrait avoir lieu
sans grand dommage pour le fisc et qu'elle serait si avantageuse aux colons comme aux consommateurs ?

Le temps est certainement venu de modifier
les bases d'un monopole si ruineux. L'intérêt
comme le devoir font une nécessité pour la

Grande-Bretagne d'écarter toutes ces restrictions qui ne sont pas essentielles pour enrichir
les recettes publiques. Ce ne sera qu'en débar-
rassant l'industrie coloniale de toutes ces entraves qui paralysent ses progrès qu'on pourra
assurer la prospérité des planteurs de l'Amérique. L'ancien système commercial a fait son
temps! Les faibles restes qui en existent encore
dans la politique commerciale de l'Angleterre
et de la France ont été assez désastreux pour
que leur règne ne soit plus de ce monde.

CHAPITRE XVIII.

La France et son système de colonisation.

Il serait assez difficile de dire quel fut le
système de colonisation de la France. Son
système fut peut-être de n'en avoir aucun. Si
elle parut dans le Nouveau-Monde, il semble
que ce fut moins pour y fonder des colonies
que pour faire acte de présence. Une imagination ardente, la passion des choses nouvelles,
un esprit de curiosité, d'imitation, de conquêtes
et peut-être aussi le goût de la chasse et des
aventures extraordinaires, telles furent les
grandes raisons politiques qui attirèrent les
Français dans le Nouveau-Monde.

C'est ainsi qu'en 1625 Denambuc partit de
Dieppe pour aller chercher fortune. Un bri-
gantin, quatre pièces de canon et trente hommes
bien résolus à courir tous les hasards, toutes
les aventures, tous les dangers, tel était le
moyen de la flotte qui devait conduire l'intrépide Denambuc à la conquête de je ne sais

quelle portion de l'Amérique, fût-ce un climat pestilentiel, un désert aride, ou une terre maudite par le ciel. On allait sans savoir où ; on marchait devant soi sans but déterminé. On agissait d'abord, sauf à exercer plus tard la faculté de réfléchir.

Les sujets du roi très chrétien ne furent même pas arrêtés par la singulière bulle du pape qui donnait de par Dieu la souveraineté du Nouveau-Monde à Ferdinand le Catholique.

On fut bientôt attaqué par une galère espagnole ; Denambuc ne baissa pas pavillon ; il se battit avec l'intrépidité du matelot français , il perdit dans la mêlée la moitié de son équipage ; mais il n'échappa pas moins au danger avec tous les honneurs de la victoire, et son bâtiment hors d'état de tenir la mer.

Sa bonne étoile le conduisit à St-Christophe où il réunit aux débris de sa grande armée navale les quelques Français qu'avaient jetés dans cette île les mêmes hasards , la même logique inconséquente, les mêmes goûts des aventures, le même entraînement chevaleresque. Pour s'établir à St-Christophe, il fallut guerroyer contre les sauvages, Denambuc se réunit au capitaine anglais Warner; et après un combat très meurtrier, les deux chefs se partagèrent l'île.

C'était déjà un commencement de colonisation. Denambuc vit alors tout le parti que pourrait tirer la France d'un premier établissement en Amérique. Il ne lui fut pas difficile de démontrer au cardinal de Richelieu combien ce serait une bonne fortune pour la France d'établir une colonie à St-Christophe.

Le génie du grand ministre avait devancé son siècle; il savait que la nature *avait voulu offrir l'empire des mers à la France par la situation de ses côtes, également pourvues d'excellents ports aux deux mers, Océan et Méditerranée* (1).

Richelieu pressentait toute l'importance d'une existence coloniale pour le pays. Malheureusement les circonstances politiques n'étaient guère favorables à des expéditions lointaines. Une dernière lutte se livrait entre la féodalité des communes et l'autorité royale. Il eût été dangereux d'étendre la puissance de l'état dans

____

(1) Testament politique du cardinal de Richelieu.

des contrées aussi lointaines , alors que le pouvoir avait tout à faire pour se centraliser. Les
ennemis du dedans et du dehors , le siége de
La Rochelle, les prisons qui regorgeaient de
tant d'illustres victimes , le sang des Montmo-
rency , des Chalais, des Cinq-Mars, des de
Thou, qui venait d'arroser l'échafaud , la reine
exilée à Cologne , il y avait là dans toutes ces
choses assez de sujets d'inquiétude et de terreur.

D'ailleurs le commerce était alors aussi peu
honoré que peu connu. C'était encore le temps
où la noblesse eût dérogé de se livrer aux en-
treprises du négoce. La marine était dans l'enfance ; la navigation, très dangereuse, offrait
en perspective plus de privations encore que de
dangers.

Richelieu ne laissa pas que d'accueillir Denambuc avec bienveillance ; s'il ne put encourager cet intrépide aventurier comme ministre
du roi, il ne lui donna pas moins sa haute protection de grand seigneur et de capitaliste. Une
souscription particulière fut ouverte pour former une somme de 45,000 livres. Les personnes
influentes qui figurèrent parmi les souscrip-

teurs s'associèrent sous la dénomination de Compagnie des Iles d'Amérique (1).

Cette compagnie, comme la plupart des compagnies qui s'organisent de nos jours, rencontra dans son sein des actionnaires que tentait bien l'*auri sacra fames*, mais qui, dans l'incertitude des dividendes magnifiques, criaient à la fin du monde dès qu'on faisait un appel à leurs capitaux pour les dépenses même indispensables d'une expédition et d'un premier établissement.

Aussi les malheureux compagnons de Denam-

---

(1) Dans l'acte d'association, il était dit que MM. Denambuc et du Rossey ont fait leur déclaration devant de Beaufort et de Beauvais, notaires; *que tout ce qu'ils ont fait et feront est et sera au profit de nous associés*, auxquels ils ne font que prêter leurs noms pour l'exécution de ladite entreprise; le contenu en laquelle déclaration sera suivi pour l'effet et l'exécution duquel dessein, il sera fait fonds de la somme de quarante-cinq mille livres qui sera fournie et payée par nous soussignés pour les parts et portions qui seront payées de nos mains, au dessus des seings que nous ferons au pied de la présente association.

Signé : Armand, cardinal de Richelieu, pour 10,000 livres, savoir : 2 000 en argent et 8.000 en vaisseaux; le maréchal d'Effiat, 2.000 livres; Marion, 2,000; de Flecelles, 2,000; Morand, 2,000; de Gueregaud, 2,000; Bardin-Boyer, 2,000; L'Advocat, 2,000; Canelet, 4,000; de Cornuel, 2,000. A ces premiers associés s'adjoignirent, plus tard, d'Aligre, le président Fouquet, de Ricouard, de Champigny, etc.

buc arrivèrent dans l'île très malades et exténués
de travail. La famine en fit périr plus de la moitié.
« Contraints , dit le père Dutertre (1ᵉʳ vol. ,
» p. 20), de travailler, au fort de la chaleur, à
» défricher la terre pour y planter au plus tôt
» du manioc, des patates et des pois, dont il
» fallait nécessairement attendre la maturité
» pour en tirer quelque soulagement, ils mou-
» raient de misère et de faim, pendant que les
» Anglais regorgeaient de toutes choses et ne
» ressentaient aucune incommodité. Il est très
» constant que la lésine honteuse des capitaines
» des navires, et même des seigneurs de la
» compagnie, ou du moins de leurs commis, a
» fait plus mourir de monde à St-Christophe
» dans ces commencements qu'il n'y en a main-
» tenant dans les îles. »

Denambuc, que n'avaient point effrayé les
rivalités de l'Angleterre et les galions de l'Espagne, allait céder le terrain à la famine. Dé-
couragé par la parcimonie inintelligente et cupide de la compagnie et de ses agents, il se
disposait à abandonner volontairement St-Christophe, lorsque des Hollandais vinrent lui vendre,
à six mois de crédit, les approvisionnements

qui étaient nécessaires à sa colonie. Pour premier paiement, ils acceptèrent le peu de petun qui était dans l'île. Ce petun se revendit si bien, que nombre de marchands de Flessingue et de Hollande s'empressèrent d'établir des relations de négoce avec St-Christophe.

En voyant ainsi s'ouvrir à leurs denrées des débouchés certains et productifs, les colons sentirent renaître leur courage ; ils se livraient aux défrichements ; ils réparaient leurs pertes ; ils fortifiaient leur île, et, bravant la jalousie des Anglais, ils rivalisaient d'industrie et d'activité pour améliorer leur sol et leur agriculture.

Nous entrons dans quelques détails sur les vicissitudes diverses de la colonie de St-Christophe, car l'histoire de ce premier établissement est aussi l'histoire de tous les établissements coloniaux qui lui succédèrent. C'est toujours le même assaut de légèreté, d'inconséquence, de projets aussitôt abandonnés que conçus ; c'est toujours la même impuissance à remplir les clauses réciproques du monopole colonial, et pourtant la même ardeur à maintenir et à défendre le système prohibitif.

Voyez plutôt : la compagnie, qui avait abandonné les colons, alors qu'ils arboraient le pavillon de détresse, se réveille tout à coup de son sommeil léthargique, dès que, grace à la liberté du commerce, les colons commencent à recueillir les fruits de leurs travaux.

Elle ne veut ni ne peut approvisionner St-Christophe, et elle a la prétention d'interdire aux colons toutes relations de commerce avec les Hollandais ; elle a appris que les négociants d'Amsterdam faisaient des affaires d'or avec l'établissement de St-Christophe, elle veut et elle entend que tout le profit lui en revienne.

C'est vainement que les habitants protestent contre l'injustice de pareilles prétentions. Si le contrat invoqué était exécuté à la rigueur, il ne leur resterait aucun moyen de s'acquitter vis-à-vis d'une compagnie qui ne les approvisionnait d'ailleurs qu'à moitié des objets dont ils avaient besoin, tandis que les Hollandais leur apportaient abondamment les choses nécessaires. Les colons ne demandaient pas mieux que de s'adresser exclusivement aux négociants français, mais ils ne pouvaient vouloir d'un monopole qui les pillait en leur vendant à des prix exagérés des objets de rebut.

Si les compagnies françaises ne portèrent pas la rigueur du système prohibitif au point de n'ouvrir, comme l'Espagne, qu'un seul port aux bâtiments nationaux et étrangers, il faut convenir qu'elles poussèrent parfois jusqu'à la stupidité leurs principes de restrictions et de monopoles. Les commis *seuls* pouvaient recevoir et vendre les objets de première nécessité.

Avec un pareil régime d'approvisionnement, ce n'était pas l'âpreté du gain des commis, leur cupidité, leur impatience à battre monnaie avec les priviléges dont la compagnie les investissait, qui étaient pour les colons la cause prédominante d'une ruine prochaine. Cette cause était bien plus encore dans l'impuissance où se trouvait le commerce maritime de suffire aux besoins des établissements coloniaux. En 1654, le commerce français était tellement insuffisant à approvisionner ses îles, que la Martinique, faute de munitions de guerre, allait tomber au pouvoir des Caraïbes, lorsque les Hollandais vinrent lui fournir des moyens de défense.

La liberté du commerce devenait la seule ancre de salut pour nos colonies, dès que les éléments ou les guerres avaient ravagé leurs plantations et anéanti leurs approvisionnements. Les prohibitions absolues plaçant alors les colons en présence d'un commerce qui n'avait pas la possibilité d'approvisionner les îles, ce fut souvent une nécessité, pour les compagnies elles-mêmes, d'enfreindre les lois prohibitives, et de recourir, dans leur dénuement, au commerce étranger. Les principes absolus d'un système exclusivement prohibitif ouvraient la voie à des abus trop criants, et rendaient trop légitimes les doléances des colonies, pour qu'on ne fît pas droit à leurs griefs. Souvent les compagnies transigeaient avec les chambres coloniales.

Voici un document qui peut donner tout à la fois la mesure des abus et des inconvénients d'un système prohibitif attribué à un commerce insuffisant pour approvisionner des îles aussi lointaines que nos îles d'Amérique.

« Sur ce qui a été représenté en l'assemblée
» tenue cejourd'hui, composée de la plus
» grande partie des officiers, et aucuns des bons
» habitants de cette île, par M. Lefebvre, sieur
» de La Barre, pour et au nom de la compa-
» gnie des Indes occidentales, qu'elle avait eu

» bien du déplaisir d'apprendre les plaintes
» continuelles des habitants de cette île, tant de
» la qualité des marchandises qu'elle leur fai-
» sait fournir, prix et paiement d'icelles, que
» du fret des marchandises qu'ils font embar-
» quer dans des navires, et autres choses con—
» cernant son commerce ; qu'elle avait envoyé
» ensuite des ordres du roi pour en prendre
» une exacte et entière connaissance, et y ap-
» porter tous les remèdes possibles, eu égard
» au temps présent et à l'état de ladite compa-
» gnie ; sur quoi, ayant été faites diverses pro-
» positions par lesdits officiers et habitants, le-
» dit sieur de La Barre et les sieurs de Clodoré
» et de Chambré sont demeurés d'accord, au
» nom de ladite compagnie, des choses qui en
» suivent :

» 1° Qu'ils pourront pareillement faire venir
» leurs provisions et celles de leurs habitations
» de France *ou d'autres lieux de son alliance*
» en ladite île de la Martinique, sans qu'ils
» soient tenus d'aucuns droits envers ladite
» compagnie, mais seulement le fret d'icelles,
» en cas qu'ils se servent de ses vaisseaux.

» 2° Que tous les Français auront le trafic

» libre en ladite île de la Martinique, où ils
» feront venir telles marchandises que bon leur
» semblera, dont ils pourront remporter le pro-
» duit en marchandises du pays, en tels lieux
» qu'ils voudront de l'alliance française, en
» payant seulement à ladite compagnie deux
» et demi pour cent de l'entrée desdites mar-
» chandises, et deux et demi pour cent de la
» sortie du produit.

» 3° Qu'il sera permis aux étrangers qui
» sont en paix et alliés de la France, de faire
» aussi le commerce en ladite île, et aux mêmes
» conditions, excepté qu'ils seront tenus de
» payer à ladite compagnie cinq pour cent
» d'entrée de leurs marchandises, et cinq pour
» cent de produits d'icelles.

» 4° Que les habitants traiteront de gré à gré,
» pour le fret de leursdites marchandises, avec
» ceux qui leur en feront le transport, mais
» n'en pourront embarquer aucunes qu'au
» préalable ils n'aient fait apparoir qu'ils ne
» doivent rien à la compagnie.

» 5° Que les commis d'icelle seront tenus de
» fournir récépissés des marchandises qu'ils
» recevront des habitants, au fur et à mesure

» qu'il leur en sera par eux livré ; qu'il sera élu
» des officiers et marchands qui visiteront les
» marchandises, lesquels en feront le prix et
» taxe de gré à gré avec les marchands ; et en
» cas qu'ils ne conviennent, lesdits marchands
» auront la liberté de lever l'ancre , porter et
» vendre les marchandises ailleurs. »

Ces modifications au régime colonial qui
servait de règle à l'administration des colonies
ne furent pas les seules ; les transactions et les
ordonnances royales se multiplièrent sous toutes
les formes. On porta même la rigueur des pénalités jusqu'à prodiguer *les galères* aux colons
qui feraient le négoce avec l'étranger ; et pourtant un simple procès-verbal du plus infime
employé des douanes faisait foi en justice, jusqu'à inscription de faux , et pour des saisies
qui lui attribuaient *une prime de partage !*

Quand on est une fois engagé dans une voie
funeste, et qu'on veut parcourir la carrière jusqu'à la fin , on ne peut plus s'y maintenir que
par des moyens à la hauteur des idées sous
l'influence desquelles on agit. Lorsqu'en 1678
Colbert proposa au gouvernement anglais d'é-
tablir la liberté du commerce, l'Angleterre, qui

croyait alors avoir de bonnes raisons pour ne pas toucher à son système prohibitif, s'empressa de déclarer coupable de lèse-majesté celui de ses sujets qui ferait une pareille proposition.

Si le gouvernement anglais ne met plus ainsi la liberté du commerce hors la loi ; s'il ne déclare plus le *laissez-passer* justiciable du bourreau, il n'en persiste pas moins dans ses idées de monopole et de prohibition ; il n'en est pas moins fidèle à ses traditions exclusives et réglementaires.

Ce n'est pas que la plupart des économistes anglais ne se fassent les apôtres, et les apôtres ardents de la liberté commerciale. Il faut bien se garder, sous ce rapport, de confondre l'administration anglaise avec les vues généreuses et éclairées d'un grand nombre d'écrivains et d'hommes d'état qui, dans la Grande-Bretagne, poursuivent l'abolition du monopole avec une constance et une fermeté qui font honneur à leur caractère et à leur science pratique de gouverner.

Les Anglais les plus haut placés dans l'estime de leurs concitoyens n'ignorent pas que ce qui importe le plus à la Grande-Bretagne, c'est moins la possession des colonies, la suzeraineté sur les colons, que l'existence même des colonies. Génie de la mécanique, du travail, de l'ordre, patience infatigable du Saxon, esprit inventif du Normand, patriotisme alimenté par une aristocratie riche, forte, compacte; vapeur, associations nationales, tout excite l'industrie anglaise, dans son île de houille et de fer, à jouer avec l'Europe cartes sur table.

Nous sommes bien loin en France d'avoir les mêmes raisons de lever d'une manière absolue les entraves de commerce qui règlent nos relations coloniales. Si le temps est venu pour nous d'apporter des modifications à notre monopole colonial, c'est moins parce qu'il nous est démontré que le système colonial suivi jusqu'à ce jour est désastreux à nos industries, à notre commerce, à notre marine, que parce que nous sommes dans l'impuissance d'exécuter toutes les clauses d'un contrat synallagmatique.

Pour rester dans les conditions possibles du monopole réciproque, l'exclusion du sucre indigène était une des nécessités que la métropole devait subir. Il fallait, dès l'origine, proscrire le sucre de betterave, et lui interdire, comme en Angleterre, le feu et l'eau. C'eût été là sans doute violer le principe de l'égalité civile; mais cette violation était une condition *sine quâ non* du monopole réciproque. C'était à la métropole à choisir entre la liberté commerciale et le monopole colonial. Mais une fois entrée dans la voie du monopole réciproque, la métropole ne pouvait plus reculer devant aucune des conséquences de ce système; elle devait assurer au sucre colonial le monopole du marché français par une taxation presque prohibitive du sucre exotique, et la mise hors la loi du sucre indigène.

L'absence de suite dans les idées, la continuelle variation de nos systèmes, ces professions de foi commerciale que nous divinisions la veille, et que le lendemain nous jetions à la voirie, toutes ces fluctuations dans les idées et la pratique du commerce nous ont conduits à quelque chose qui n'est ni le monopole réciproque, ni la liberté du commerce.

Au milieu de cette confusion, des intérêts contraires, exclusifs, se sont formés; on voudrait leur donner satisfaction à tous, et pour les renvoyer tous contents, on les excite davantage à la division et à l'anarchie.

Dans cette déplorable question des sucres, quel que soit le chiffre auquel on s'arrête, on comprend qu'il ne saurait y avoir de modifications de tarifs dont tous les intérêts en présence puissent être définitivement satisfaits. Toutes ces modifications sont condamnées par leur nature à devenir une source intarissable de doléances nouvelles, soit de la part du sucre indigène, soit de la part du sucre colonial.

D'un côté le sucre de betterave a pris une extension telle, qu'il y aurait pour le gouvernement grande témérité, et peut-être même impuissance, à lever sur la betterave un impôt équivalent à l'impôt dont se trouve grevé le sucre colonial. D'ailleurs cet impôt équivalent ne serait lui-même qu'un palliatif, qu'une mesure précaire et transitoire. Tout ne laisserait pas que d'être mis sans cesse en question ; ce serait toujours à chercher la solution du problème.

D'un autre côté, si la liberté du commerce a le mérite d'être une mesure plus définitive et de donner à la betterave et au sucre colonial une satisfaction plus complète, cette solution du problème n'en est pas moins entourée de grands inconvénients, dès qu'on cesse de l'envisager du point de vue général et théorique, pour ne voir que l'application et la pratique de la liberté commerciale.

La liberté du commerce pour nos colonies ne doit-elle s'étendre qu'à la faculté de porter directement leurs denrées sur les marchés de leur choix? ou bien doit-elle leur attribuer encore la faculté de s'approvisionner où bon leur semblera, et de se servir, pour le transport, de la navigation la moins coûteuse?

Il est certain qu'une liberté commerciale qui se réduirait pour les colonies à ne choisir le marché que pour la vente de leurs produits, serait une liberté illusoire et qui leur porterait autant de préjudice que le monopole réciproque qui règle actuellement leurs relations commerciales avec la métropole. Le commerce est un échange de produits, et alors même que la métropole pourrait approvisionner les colonies aux mêmes conditions que les marchés étrangers, nos colonies ne rencontreraient plus sur ces marchés les mêmes conditions de vente que si les colons avaient également la faculté de choisir leur marché pour leur approvisionnement.

Car on n'ignore pas comment se traitent les affaires relatives aux plantations de nos colonies. Les colons presque toujours manquent de capitaux; ils se mettent en relation avec une maison de commerce qui stipule au profit des planteurs une avance d'argent; ceux-ci s'engagent à expédier annuellement à cette maison le produit de leur récolte.

C'est là une nature de relations commerciales qui découle de l'espèce même de population qui, dans nos colonies, forme la classe des planteurs. Ce ne sont pas les hommes que la fortune place haut dans l'échelle sociale qui vont résider dans nos provinces d'outre-mer; la chaleur extrême du climat suffirait seule pour les en écarter, si d'ailleurs l'organisation sociale des colonies ne leur apparaissait pas comme un ferment de discorde peu capable de rassurer leur fortune et leur sécurité.

Les planteurs sont surtout des citoyens industrieux qui ne comptent pas moins sur l'assistance d'autrui que sur leurs efforts personnels

Pour eux, c'est une nécessité de position, d'étendre leur industrie, et de s'endetter pour s'enrichir.

Or, avec la liberté du commerce restreinte, comme il vient d'être dit, ce serait presque toujours les négociants français qui correspondraient avec les colons, pour leur faire des avances de capitaux; car ces avances sont rarement des pièces de cinq francs toutes neuves; ce sont presque toujours des produits, des objets de consommation. Le jour où les négociants français ne recevront plus les récoltes annuelles pour les défrayer de leurs avances, ils abandonneront ces relations d'avances sans échanges, pour céder la place aux maisons de commerce du marché sur lequel les colons enverront leurs sucres.

Vendre et s'approvisionner sur le même marché, ce sont là deux faits inséparables. La liberté de vendre ne saurait devenir un avantage réel pour nos colonies, qu'autant qu'on leur concéderait, comme conséquence, la liberté d'acheter.

Une liberté commerciale qui se réduirait à laisser aux colons le choix libre et sans entrave

des débouchés et des marchés d'approvisionnement, suffirait aux exigences les plus ambitieuses des colonies. Elles sont inspirées par un
esprit trop national pour demander encore la
faculté de se servir de la navigation la moins
coûteuse.

Si la construction de nos vaisseaux, et l'organisation de nos équipages, imposent aux colonies des charges dont elles se trouveraient
allégées par la faculté de se servir d'une navigation étrangère, toutes les raisons d'économie
et de chiffres doivent cependant se taire devant
la raison d'état, qui impose aux colons la navigation française.

Malgré la réciprocité de répulsion commerciale dont nous avons usé vis à vis de la Grande-
Bretagne, malgré notre sollicitude à encourager
des armements pour les îles de la Sonde, et
notre navigation dans l'Inde, par des droits
différentiels équivalents à plusieurs fois la valeur
du fret; c'est à peine si, après un quart de siècle
de paix, notre navigation entre pour un quart
dans le commerce libre et fait en concurrence.

Pour un pays qui a la situation géographique

de la France, on ne saurait imaginer rien de plus déplorable. On a cueilli ce qu'on avait semé. On ne pouvait obtenir d'autres fruits du déplorable système de brumaire an V, auquel on s'est attaché avec une si funeste persévérance.

De ce système à l'idée que le sucre indigène est une précieuse conquête pour le pays, il n'y avait qu'un pas, et ce pas on l'a franchi. Le colza, le lin, toutes les riches cultures ont été abandonnées pour une production de serre-chaude, qui ne prospère qu'à l'ombre d'un droit de plus de 200 pour 100 sur le prix du sucre colonial.

Il est plus que temps de ne pas dédaigner le mouvement de nos ports avec nos colonies. Cette navigation, force est du moins à l'étranger de nous la laisser. C'est quelque chose pour le pays que ces quatre colonies à sucre, qui procurent un mouvement annuel de près de 100,000 tonneaux et qui utilisent de 5 à 6,000 matelots.

Aujourd'hui plus que jamais, il ne saurait y avoir de marine militaire sans marine marchande ; aujourd'hui plus que jamais la marine militaire est la base de la puissance politique des nations.

C'est pour assurer au pays une puissance navale que le gouvernement a alloué des primes à la pêche de la baleine et de la morue.

De 1827 à 1829, la pêche de la baleine occupait 200 matelots et elle ne rapportait que 13,000 quintaux métriques de graisse ou d'huile de poisson. De 1835 à 1836, elle a occupé plus de 600 matelots, et les produits se sont élevés jusqu'à 30,000 quintaux, produit net.

La pêche de la morue n'occupe pas moins aujourd'hui de 10,000 hommes d'équipage. Sur les 55,000 quintaux métriques que cette pêche importe annuellement et valeur moyenne dans nos ports de mer, 20,000 quintaux se dirigent sur l'Espagne et d'autres points de la Méditerranée; le reste trouve un débouché dans nos quatre colonies à sucre. A ces 35,000 quintaux que leur expédient nos ports de mer, il faut encore ajouter les cargaisons que les pêcheurs échangent directement de Terre-Neuve contre les denrées coloniales; de telle sorte que la consommation des produits de la pêche dans nos colonies s'élève annuellement à 80,000 quintaux métriques.

Ce n'est pas lorsque l'étranger consomme à peine le cinquième des produits de nos pêcheries et que même ces produits n'ont en Espagne qu'un débouché incertain, précaire, frappé de droits exorbitants qui, d'un instant à l'autre, peuvent se transformer en prohibitions ; ce n'est pas lorsque l'état fait de si grands sacrifices de primes, et sous toutes les formes, aux armateurs des pêcheries, primes qui équivalent à 400 fr. par année et par matelot, qu'on peut sérieusement mettre en question l'importance de nos établissements coloniaux, et l'utilité qu'il y a pour le pays à conserver les belles rades du Fort-Royal et des Saintes, où la France est encore chez elle, où elle peut réunir et abriter des escadres pour faire respecter son commerce, sa gloire et son nom.

En résumé, point de puissance politique pour la France sans marine militaire, point de marine militaire sans commerce et sans navigation marchande, point de navigation marchande sans pêcheries et sans colonies, point de colonies sans protéger leur existence et veiller à leurs intérêts.

Nous avons successivement examiné les deux faits qui menacent l'existence de nos colonies. Les abolitionistes nous ont paru obéir à des idées trop ardentes de réforme , nous avons essayé de ralentir l'excès de leur zèle. Les colons n'étaient pas toujours sincères dans leur système d'attente et d'émancipation préparée par une éducation morale et religieuse : nous leur avons dit que pour prouver le mouvement, il fallait marcher, et qu'il ne leur était plus possible de reculer devant le principe du gouvernement, l'exemple des colonies anglaises et l'opinion publique. Nous avons cru enfin que si l'émancipation ne devait pas être un torrent rapide et impétueux, ce devait être au moins un fleuve qui, déposant au milieu de son lit un peu de limon et de productions végétales, en forme successivement une île qui se couvre d'arbres majestueux.

Le problème du tarif des sucres renfermait des éléments d'une solution trop difficile, pour qu'il nous ait été donné de trouver à tous les intérêts en présence une planche de salut dans la modification des tarifs. Ne voir dans le débat engagé qu'une simple question de chiffres, c'était s'exposer à se renfermer dans un impasse, dont il n'aurait plus été possible de sortir qu'en retournant sur ses pas.

Il nous a suffi d'un simple exposé des faits, pour démontrer que des modifications de tarif ne pouvaient pas être une solution définitive du problème; modifier le tarif des sucres, ce serait irriter encore des intérêts, qui, jusqu'à cette heure, ne se sont montrés que trop exclusifs, trop hostiles, trop dévoués à leur perte commune. Des prétentions aussi contradictoires et aussi exclusives mettaient le juge dans l'impuissance de renvoyer tout le monde content de ses arrêts. Les idées de droit et de justice venaient se taire devant d'autres idées de droit et d'équité.

A travers tant d'écueils, la liberté du commerce nous a apparu comme un soleil, qui est venu dissiper la nuit profonde et nous rendre les vents favorables.

Toutefois de hautes considérations politiques nous ont empêché de demander pour nos colonies une indépendance commerciale qui fût complète. Si nous avons réclamé pour nos provinces d'outre-mer la faculté de vendre et de s'approvisionner sur les marchés de leur choix, nous avons estimé que c'était faire assez pour la liberté commerciale, et qu'il ne serait pas d'une sage politique de permettre aux colonies de se servir de la navigation étrangère. Si la France ne doit point chercher dans la possession de ses colonies une ressource fiscale, notre position géographique nous fait du moins un devoir d'avoir sans cesse devant les yeux la maxime de Thémistocle : *Qui est le maître de la mer est le maître de tout.*

FIN.

TABLE DES MATIÈRES.

Fɪɴ ᴅᴇ ʟᴀ ᴛᴀʙʟᴇ ᴅᴇs ᴍᴀᴛɪÈʀᴇs.